中传博士文库

本书系中央高校基本科研业务费专项资金项目（1809206）成果

构筑与感知
城市形象的群体差异及形塑机理

刘小晔 ◎ 著

中国传媒大学出版社
·北京·

序 言

城市是人的城市，任何一个城市最美的风景一定源自城里的人，发生在其中的人的故事和人的情感。人们如何想象城市？城市意象投射了各色人群什么样的理想与情感？一直以来，文学、影视艺术学、传播学、人文地理研究、建筑规划学都站在自己的视角去观照城市，城市赋予了各个学科源源不竭的研究议题。

刘小晔博士的这本书也是她对"人如何想象城市"这一问题的思考凝结。十余年前，初识刘小晔博士的时候，她还是一个怯生生的、从汉语言文学跨专业考到广告学的硕士新生，她向我展示了自己的本科论文，具体名字已记忆模糊，但选题大抵是关于"文学中的吉卜赛女性形象"；她随我度过三年硕士生涯，开始接触传播学视野下的区域形象研究，硕士论文选择去研究网络论坛中韩国国家形象的呈现与生产。而《构筑与感知：城市形象的群体差异及形塑机理》一书，是她的博士论文，兜兜转转，十余年过去，她依然对"形象"这个话题持有热情。

近30年是我国城市化和数字化进程交叠深入发展的30年，日趋激烈的城市竞争推动城市治理者经历了从"城市宣传"到"城市营销"再到"城市传播"的理念跨越。大大小小的城市试图通过科学的媒介策略以求建立一个美好的、受人喜爱的形象，吸引更多的人才、资本和其他资源，没有人会否认积极形象对一个城市的重要意义。然而，不同的人群到底如何构建对一个城市的形象感知？学界其实少有系统性的实证研究。本书正是立足于城市内部群体和外部的不同利益相关者群体，研究了媒介接触、直接经历等城市沟通的多种形式如何影响了"人"的城市联想与城市体验。

该书尝试将个体"人—地"经历同传统的城市传播因素整合在一起，在一种广义、系统、在地化的媒介视域内，提出了优化城市形象传播效果的基本思路。本书没有以超大、特大城市为研究对象，而是关注了"长春"这一亟待展开城市更新、资源流失日益严峻的城市，填补了针对头部城市之外、"沉默的大多数"城市形象的系统研究之不足。

芒福德将城市视为给予护卫和养育的"容器"，是人之精神所向的"磁体"，身处其内、人在其外，不同的人群如何构筑一城之想象，我想，本书给出了自己的答案。

文春英
2023 年 10 月 16 日

目录

绪 论 / 1
    第一节 　认识城市传播:作为一种城市化实践　/ 1
    第二节 　理论立场与实践观照　/ 5
    第三节 　研究思路:本书主要内容及其逻辑　/ 7

第一章　多维视野下的城市形象研究脉络　/ 9
    第一节 　城市形象研究的理论来源与偏向　/ 9
    第二节 　城市形象的定义与测量研究回顾　/ 11
    第三节 　城市形象感知的形塑机理研究回顾　/ 19
    第四节 　本章小结　/ 24

第二章　城市形象感知的研究路径与框架　/ 27
    第一节 　因何选择长春:再生型城市的形象更新之困　/ 28
    第二节 　研究方案设计:从案例深描到因果探索　/ 30

第三章　谁的城市?
    ——城市形象感知的群体差异研究　/ 40
    第一节 　理论基础　/ 41
    第二节 　研究问题的提出　/ 45
    第三节 　问卷设计与检验方法　/ 52

· 1 ·

第四节　城市形象感知的群体差异:内群与外群　/ 62

第五节　外群城市形象感知差异:空间距离　/ 72

第六节　外群城市形象感知差异:社会距离　/ 75

第七节　内群城市形象感知差异:利益相关者类型　/ 85

第八节　本章小结　/ 95

第四章　"我"的城市与"他"的城市
　　——城市形象的形塑机理　/ 99

第一节　文献回顾与概念模型的提出　/ 100

第二节　研究设计与实施　/ 115

第三节　检验与分析:内群长春形象感知　/ 122

第四节　检验与分析:外群长春形象感知　/ 135

第五节　本章小结　/ 145

第五章　总结与展望:重新理解城市形象　/ 151

第一节　城市形象感知的群体性差异　/ 152

第二节　城市形象感知形塑机理的群体性差异　/ 154

第三节　对城市形象的再思考:图式与形象　/ 158

第四节　未来研究方向　/ 161

附　录　/ 165

附录1:内部群体长春城市形象感知调查问卷　/ 165

附录2:外部群体长春城市形象感知调查问卷　/ 170

附录3:不同空间距离群体长春认知形象感知多重比较结果　/ 175

附录4:不同社会距离群体长春认知形象感知多重比较结果　/ 178

参考文献　/ 190

后　记　/ 213

绪　论

第一节　认识城市传播:作为一种城市化实践

在当今社会,传播技术的逻辑全面渗透并连接社会基本单元,传播问题成为把握和思考一切社会运行活动的重要线索,这同样适用于对国家、区域和城市的研究。正是因为如此,进入21世纪以来,以芝加哥学派为代表的城市传播研究在20世纪中期相对沉寂后,再次受到广泛关注。

在芝加哥学派城市传播研究发端之初,其研究动机就具有强烈的实践导向。学者为了更好地解决城市问题、理解城市化现象而自主聚集在该研究领域,他们关注城市形态、城市扩张与人口选择,关注社区、种族、亚文化和贫富差距……仔细观察传统芝加哥学派解释城市世界的假设和方式,我们可以发现,他们关注城市的内生特征与问题,并尝试用内生的方式去解决问题。从这个角度而言,进入21世纪以后,城市(包括城市传播)研究发生了显著变化,受到了外部力量的巨大驱动。由于国家、区域和城市间面临着前所未有的白热化竞争,人们开始将目光投向营销学、传播学,尝试通过自我营销的方式在竞争中脱颖而出。

20世纪60年代至70年代,当时处于全球核心地位的国家都在经历着工业社会转型,第一批"工业城市"率先被卷入竞争浪潮。[①] 传统区域经济不再严重依赖工业生产,很多超大城市失去了工业制造中心的地位,以服务产业为代表的第三产业开始成为主导产业。以底特律、布法罗为代表的重工业城市从20世纪70年代早期开始经历一场经济倒退,即使是拉斯维加斯、纽约、芝加哥等经济基础更为雄厚的大型城市,也因为制造业倒退不得不降低福利。[②] 传统工业城市面临着同样的困境:经济衰退、污染、边缘化,在与后工业化城市的竞争中,它们在尝试重建自己的形象,以吸纳更多的人口和资金,重塑产业竞争优势。

面对这一时期的城市发展状况,沃德从售卖的角度划分了城市系统生命周期的四个阶段。他认为,城市在经历了农业殖民时代售卖裸地、城市功能多元化、工业城市资本导向等阶段后,会进入后工业城市的更新与复兴阶段。[③] 其中,碎片化促销和营销组合阶段的城市传播,都是在呼应工业时代的城市发展需求,也构成了21世纪以前城市转型与发展的主要实践取向。

进入21世纪以后,全球各国迎来了深刻的变革力量——全球化。以电子媒介为代表的全球媒介系统,使得即时通信和人际互动可以跨越时间的障碍,资本、技术、劳动力流动的成本日益降低,距离的消失摧毁了大型城市作为制造业基地所依赖的运输成本优势,地理距离已经失去了实际意义。在某个层面上,全球化促成了全球范围内消费、生产、生活方式的均质性(uniformity)。对于城市和国家而言也是如此,当一个国家或城市在提供同样高质量的政策环境、同样优秀的吸引物、同样先进的物质设施,或者说,当一个国家或城市,与自己的竞争对手相比,提供着同质产品(全球化恰好在促成这种均质性)时,就难以构成真正的竞争优势。为了在竞争中赢得胜利,

---

[①] MARTIN R,ROWTHORN B. The geography of de-industrialisation[M]. London:Macmillan,1986:7.

[②] PAHL R E.Some remarks on informal work,social polarization and the social structure[J].International journal of urban and regional research,1988,12(2):247-267.

[③] WARD S V.Selling places:the marketing and promotion of towns and cities,1850-2000[M].London:Routledge,1998:18.

城市开始寻求复兴和转型,在一个全球均质的时代,试图建立"独一无二"的竞争识别优势和地方身份。

为了改变全球化语境带来的这种发展悖论,城市营销和城市品牌化登上历史舞台。正如学者凯文·凯勒(Kevin Keller)在他的经典著作《战略品牌管理》一书中所言:"如产品和人一样,地理位置或某一空间区域也可以成为品牌。"与此同时,也就是20世纪80年代至90年代以来,菲利普·科特勒(Philip Kotler)等学者也本着强烈的实践关怀,建立了区域营销和城市营销的系统理论,从此城市营销逐渐从普通市场营销学的框架中分离出来,步入了相对独立的发展轨道。[①]

在这样的背景下,国家形象塑造、区域品牌化已经不再是管理或国际关系语境下的专有词,而成为一种广泛的社会现象。[②] 无论是意识形态、政党、人、区域领域,还是传统的产品、企业和服务领域,品牌和品牌塑造都是人们经常讨论的议题。在互联网时代,一个区域、一个国家的形象或声誉变得越发重要,并切实关乎该地的可持续发展。这种城市发展中的"营销"导向,开始反过来影响传统的城市学科领域,比如人文地理、城市设计、城市规划、国际关系等。

与国外城市品牌研究发轫于城市营销和城市品牌不同,我国的城市研究从产生之初,便与"形象建设"密不可分。在我国突飞猛进的城市化进程中,最早进入城市形象研究领域的是城市规划与设计,该研究领域主要关注城市景观建设。建筑学学者郝慎钧在其译著《城市风貌设计》中写道:"城市的风貌是一个城市的形象。城市风貌反映出一个城市特有景观和面貌,风采和神态,表现城市的气质和性格,体现出市民的文明、礼貌和昂扬的进取精神。"[③]此后,通过媒介技术、城市化需求的现实推动和营销理念的普及,我国的城市传播经历了从宣传思维主导、无意识的碎片化促销、营销传播到品

[①②] KORNBERGER M.Brand society:how brands transform management and lifestyle[M].Cambridge:Cambridge University Press,2010:25.
[③] 池泽宽.城市风貌设计[M].郝慎钧,译.天津:天津大学出版社,1989:前言1.

牌化沟通的演进历程。在碎片化促销阶段,城市为了售卖地产、发展特色产业、吸引人口流入,以形象广告为主要手段进行城市推广。随着专业营销概念的引入,城市治理者开始更新传播工具和方法,采用营销组合策略,进入有意识的营销阶段,但其传播活动依然没有摆脱浓厚的宣传色彩,由上至下、我说你听的本质没有变化。随着全球化、城市化的深入,城市竞争白热化,我国一部分走在前列的城市进入了"城市品牌化"阶段。城市管理者开始意识到形象的价值,综合运用广告、活动、节庆、赛事、影视植入、视觉塑造等手段,寻求本地化的独特表述,以创造积极的受人喜爱的形象,并在此基础上建立城市与人的情感化的精神联系,而不是进行单纯的营销介入。值得说明的是,由于城市化进程的不均衡,不同国家和地区的城市传播实践,并不遵循严格的时间线,城市传播的发展更多是认识深化、理念更新与经验累积的结果。

综上所述,无论是对于学界还是对于区域品牌实践来说,无论是对于国内还是对于国外而言,区域品牌化已经成为区域营销学术界和实务界最热门的话题之一。[①] 在全球性的资源竞争态势下,"是否需要进行城市营销"已经不再是问题,"如何有效地进行区域营销"以及由此衍生出的其他问题——"如何建立良好的形象""如何消除消极的形象"等,成为需要探讨的议题。

然而,或许由于城市的复杂性,加上区域品牌化利益相关者的多元化,同一个省份的不同城市,由于资源禀赋、治理机构的差异,都处在完全不同的城市传播阶段,也有着不同的现实需求。因此,21世纪以来,在新兴的学术领域,大量研究成果都在试图建立"一揽子理论",以诠释城市品牌化、城市形象传播的内在机理,聚焦于"理论建构"层面的考察。由于这是一个涵盖规划建筑、人文地理、心理学、社会学、营销学甚至影视传播领域的交叉领

---

① HANNA S,ROWLEY J.Towards a strategic place brand-management model[J].Journal of marketing management,2011,27(5-6):458-476;丹尼.国家品牌:概念·议题·实践[M].范红,译.2版.北京:清华大学出版社,2022.

域,对于"是什么"这个问题,我们需要持久的理论关注。与此同时,基于相关问题的因果探讨,亟待更为细致、深入的考察,只有在传播内容、渠道、载体、影响等方面积累了足够的因果证据,研究者就"如何有效进行城市传播"这一问题持续耕耘,才能真正脱离"艺术创作"层面,进入科学化传播的领域。

第二节　理论立场与实践观照

本书将城市形象感知视作一个多主体、多因素互动的社会认知过程。本书首先依据理论选择了对城市发展具有重要意义的不同群体类型,对比他们在城市形象感知上的差异性与均质性,进而去探寻差异产生的影响因素,并通过实证的方式进行因果验证。

基于感知视角的城市形象研究虽出现已久,但在中国语境下仍具备充分的研究潜力。

第一,将城市形象感知研究向纵深推进。关于区域形象的测量和构成维度,学界已经积累了相当多的研究成果。无论是对旅游目的地的形象研究,还是对城市和国家形象的构成和测量,学界都已经建立了相对系统的理论框架,但需要在这些方向上进行更为细致的挖掘。跨文化研究中已经被证实的不同文化群体感知差异,能否应用到一国的内部?对于以中国为典型的幅员辽阔、具备文化多样性的国度,研究者如果想更加科学有效地展开城市形象传播,能否将全国都视为均质市场?对于这些问题,学界还鲜有成果,且缺乏实证研究。

基于这样的考量,结合城市品牌化的理论框架,本书对城市形象感知群体进行了细化,选择了四个对比组群——"内与外""不同空间距离""不同社会距离""不同城市相关者属性",验证、分析了不同对比组群对长春印象的群际差异特点。

第二,在深入"白描"客观事实的基础上,本书还对不同群体城市形象感知的形成机理进行了因果探索,证实了媒介信息接触和主体心理因素在城市形象传播领域的可预测性,这是一个具有一定理论突破性的尝试。此前,在传播学领域、营销研究领域、消费研究领域乃至与城市品牌化密切相关的来源国效应(country-of-origin effect)研究领域,学界针对"信息和主体心理因素在如何发挥作用"这个问题有相当多的研究成果。从卡尔·霍夫兰(Carl Hovland)的说服传播研究,到视角更为广阔的媒介效果研究,信息在什么层面上发挥作用、在如何发挥作用,已有近百年的学术成果可以追溯,遑论态度—行为研究、信息刺激研究等可追溯的心理学研究积累。对于城市形象这一新兴研究领域而言,目前学界的研究其实是滞后于区域营销实践发展的:各影响要素在区域传播过程中的重要程度缺少实证检验,有关某一特定区域营销策略或区域营销组合对区域形象影响效应的实证研究非常缺乏。针对这一问题,国内的研究也多是进行策略性探讨。本书在城市形象感知形成机理的考察中,验证了媒介渠道信息和主体心理因素对于形象的影响力,并考量了这些因素对行为的预测性,这是对于以往城市营销研究的补充。

第三,在对群体城市形象感知进行测量分析的部分,本书采取了问卷调查法和基于数据挖掘的社交网络分析两种方法,这是对区域形象的测量和构成进行研究的一个尝试。国内有关形象感知测量的研究多采用问卷或问卷与二手数据相结合的方法,也有相当多的研究采用了深度访谈或定性比较分析(qualitative comparative analysis)等质性研究方法。采用大数据挖掘、社交网络分析等方法的城市研究,多出现于旅游目的地研究或多属于人文地理学科框架内。本书对内部群体对比研究、外部群体对比研究采取了传统的问卷调查方法,针对不同内部群体的城市形象感知,则尝试使用了社交网络分析和LDA主题模型分析两种方法。两种方法的相互结合,对于从不同角度去了解多样群体的城市形象感知差异及其表现形式具有很好的参考价值。

在实践观照层面,本书有以下两方面的价值。

第一,本研究为行之有效的城市形象传播提供了可供考量的实证证据,为城市品牌管理者的广告投放、城市形象传播内容的生产提供了一定依据。

通过掌握不同类型的媒介接触在多大程度上发挥作用,营销业界、政府机构可以通过内容输出、优化投放组合的方式来提升营销传播效果。这也有助于不同利益相关者参照个体心理变量的中介效应,从而理解所在城市的形象传播阶段,并拟定符合自身城市状况、有的放矢的形象构建策略,以达成更有效的城市品牌管理目标。本书从这一学术视角出发进行了尝试,提出城市形象感知差异性及其驱动机制的分析框架。

第二,针对"媒介在如何发挥作用"这一涉及广泛的议题,本书虽然初步进行了理论尝试,但从中观层面去了解媒介和主体心理因素的影响效果,为在宏观上理解"媒介与城市形象"这一议题进行了铺垫,也为未来城市传播研究的进一步微观式下沉和人本主义的回归提供了前进的方向。在新的媒介环境下,媒介书写建构了多样化的城市记忆,民众则通过社会性、日常化的行为实践来维持与认同城市记忆[①],个体势必要在形塑城市形象上掌握更大的话语权。本书对于城市形象传播群体的细化研究,对于未来城市研究对"个体"和"亚文化群体"的微观关注,具有一定的借鉴意义。

第三节 研究思路:本书主要内容及其逻辑

本书研究的核心问题有两个:"不同群体的城市形象感知是否存在差异,差异如何呈现",以及"不同群体对长春的形象感知是如何形成的"。前者回答的是城市形象构成问题,后者探寻的是城市形象感知的形塑机理。

首先,本书验证、分析了不同群体的城市形象感知差异。笔者选择的对比群体是内部群体与外部群体,在确定其城市形象感知的差异性和均质性以后,进一步深化研究不同次级群体。笔者以空间距离、社会距离远近为标准,进行了外部群体细分;以城市相关者属性为标准,进行了内部群体细分。

---

① 邓庄.空间视阈下城市记忆的建构与传播[J].现代传播(中国传媒大学学报),2019(3):50-55.

本书全面而系统地验证了以上群体间的城市形象感知异同。

其次,以城市形象感知的群际差异为逻辑起点,笔者进行形象驱动机制的进一步探讨,并试图以实证的方式进行验证。这里分两个层面来考察。一是内部群体的形象演进机理,二是外部群体的城市形象感知机理。二者遵循同样的思路,即立足社会认知理论的基础假设,从沟通视角出发,将媒介信息效应、个体心理效应置于同一框架下,提出了针对内部群体、外部群体的城市形象感知模型,并采用结构方程模型的方式加以验证。具体而言,本书借鉴了旅游研究领域的经典媒介信息源的划分标准,即加特纳(Gartner)提出的形象形成中介理论(image formation agents),在问卷调查中测定了原生形象中介(organic agents)、社交中介(social agents)、独立性中介(autonomous agents)和诱导性中介(induced agents)四类信息源,以此考察不同类型信息的作用效果。同时,根据群体的不同特质,本书选择了熟悉度、卷入度两类中介心理变量,以进一步探析媒介因素得以奏效的因果路径及其对行为的预测作用。

最后,本书对研究结论进行总结,并指出该研究的局限性以及展望未来可能的研究方向。本书研究思路如图1所示。

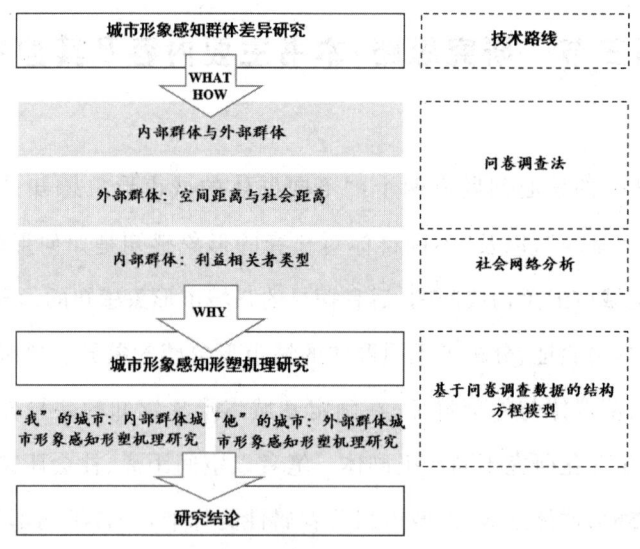

图1 本书研究思路

第一章 多维视野下的城市形象研究脉络

第一节 城市形象研究的理论来源与偏向

城市形象是一个复杂议题,在不同的实践阶段、不同的语境和不同的学科视角下,城市形象被视为物理空间、认知情感印象、品牌联想、源地品牌形象、记忆认同、声誉资产、刻板印象。其实不只城市形象面临着这种概念上的不同取向,国家形象、区域形象、旅游目的地形象亦是如此。概念差异折射的是学科假设、研究立场和研究动机的差异。从广义来看,不同学科对"形象"的探讨,其实都有明显的心理学传统,一种是基于元素论的形象研究,另一种是基于整体论的形象研究。

目前学界已经达成共识:城市形象是人们大脑对一个地方所感知到的观点或看法的集合。也就是说,某个特定客体的形象和想象存在于人们的头脑中,散布在成千上万个个体的心智图式中。因此,城市形象研究的传统,最早也离不开心理学领域对心理图像(mental image)的研究。[①]

20世纪早期,心理学领域展开了对于形象和意识的讨论,这场讨论最终

---

① 文春英,吴莹莹.国家形象的维度及其互向异构性[J].现代传播(中国传媒大学学报),2021(1):74-86.

形成了两条截然不同的路径：从元素主义还是整体论的角度来看待人的感知。以爱德华·铁钦纳(Edward Titchener)、威廉·冯特(Wilhelm Wundt)为代表人物的构造主义心理学认为，无论多么复杂的心理现象，都可以分解为不同的构成元素。人们对这些元素进行研究，可以阐释现象的形成机理。在这种传统中，一个事物的本质被定义为它的元素或属性。因此，建立在这种心理科学逻辑上的城市形象研究，将国家形象、城市形象理解为形象元素的挖掘。一个地方的形象是如何呈现的？在不同语境下，它以什么面目呈现？这些问题涉及城市形象的测量和评估，相关的研究至今仍受到元素主义传统的影响。

与元素主义路径相对，德国格式塔心理学派主张将意识和行为作为一个整体来看待。该学派认为，整体大于元素之和，在化学等自然科学领域被认为可行的"刺激—反应"公式不能很好地解释人的复杂行为和社会现象。这一路径也被城市形象研究的学者们认可，这种心理学传统与社会学、营销学一并构成了城市形象概念及其形塑机理的主流研究传统。因此，我们发现，国内外学者在探讨城市形象的概念时，不论具体维度如何划分，都强调它们是相互联系的整体。

元素主义路径影响了城市形象的测量，格式塔传统影响了城市形象的构念和形成研究，这种路径上的不一致，很多学者都曾提及。约翰·亨特(John Hunt)认为，这种割裂带来的最基本问题是：以元素为基础的形象测量，只能反映城市形象的内容构造，它难以捕捉受众的情绪层面、形象形成的结构、认知中的偏见。[①] 这并不是说研究形象的内容结构本身是无意义的。对于城市实践、旅游实践来说，人们拟定城市营销策略的前提是，对城市在不同利益相关者心目中的既有形象图式有一个准确的认知。

---

① HUNT J D, LAYNE D. Evolution of travel and tourism terminology and definitions[J]. Journal of travel research, 1991, 29(4): 7-11.

第二节　城市形象的定义与测量研究回顾

一、构念：城市形象是什么？

城市形象是什么？其构成维度是怎样的？这是城市形象理论研究首先要面对的问题。城市形象已经进入学术视野50余年,城市形象传播的实践历史甚至要追溯到更久以前,但派克(Pike)在对1973—2000年的142篇有关城市形象的研究论文进行梳理时发现,学界对于城市形象的构念(conceptualization)缺乏深入探讨。[①] 此后,关于"城市形象是什么"的探讨日益增多,学界在近20年的积累和探索中,基本厘清了这个核心问题,给出了基于多元化学科视角的回答。总体而言,如果仔细梳理城市形象的研究发展,不难发现,在城市形象这一构念的动态演化和阐释过程中,存在着四种理论取向。

首先,影响最为深远、迄今为止广受认可的理论是形象的"感知视角"。该理论认为,形象是存在于每个个体心目中的"观点""看法"和"态度"。在加德纳(Gardner)和利维(Levy)的一篇经典论文中,他们率先阐明了"品牌"与"产品"的关系盲点。针对产品和品牌形象,该论文有这样一段论述:"与品牌相联系的产品形象可能是轮廓清晰的,也可能是相对模糊的;可能是多样的,也可能是单一的;可能是强烈的,也可能是平淡的。有时人们对一个品牌所持有的看法,可能与它的本来面目并不十分相关。但消费者判断一个品牌是不是我想要的,却受到这些'看法'的影响。"[②]

[①] PIKE S.Tourism destination branding complexity[J].Journal of product & brand management,2005,14(4):258-259.
[②] GARDNER B B,LEVY S J.The product and the brand[J].Harvard business review,1955,33(3):33-39.

这段话说明,人感觉到的现实不等于现实本身,形象是被感知的,存在于人的信息加工过程之中,对于城市形象的内涵界定也遵循这个本质特点。

正如上节所说,研究者对形象的定义遵循着整体论的路径。一部分学者认为,城市形象就是人们对一个地方的整体印象。亨特从旅游的视角给"目的地形象"下了一个定义,认为它是"人们对居住地以外的地域所持有的印象"[1]。莱利(Reilly)提出了一个类似的说法:"形象这个词,可以用在某个政治人物的身上,也可以用在一个产品、一个国家……它所指代的不仅仅是一种个体特质,而是人们在脑海里对特定实体所持有的总体印象。"[2]用这种方式来给城市形象下定义,有着浓烈的社会心理学传统。国内外关于城市形象的典型定义如表1-1所示。

表1-1 国内外关于城市形象的典型定义

研究者及论著发表时间	定义
巴洛格鲁和布林伯格(Baloglu & Brinberg,1999)	一个区域的形象是一个人对该地方持有的信念、观点和印象的组合
根什(Gensch,1978);丹恩(Dann,1996)	城市形象是由既有的营销推广、声望和同行评估综合作用下的抽象概念
苏斯曼和尤内尔(Sussmann & Unel,1999)	反对将态度、认知与形象三个说法互相替代、混淆使用,尽管三者具有相似性。三者相当不同,形象是对于一地复合感知的结果,这种感知反过来受到态度的影响,并导致了积极或消极的形象
科尔特(Kolter,1993)	地方的形象是一个人对该地方持有的信仰、思想和印象的综合
达戈斯塔和伊索陶(Dadgostar & Isotao,1992)	个体针对特定地点的总体印象或态度,在旅游者的认知中,与一地相关的各种属性最终构成了总体印象
黄景清,2003	城市形象是人们对城市的综合印象和观感,是人们对城市价值评判标准中各类要素的综合性的特定共识

---

[1] HUNT J D.Image as a factor in tourism development[J].Journal of travel research,1975,13(3):1-7.

[2] REILLY M D.Free elicitation of descriptive adjectives for tourism image assessment[J].Journal of travel research,1990,28(4):21-26.

续表

研究者及论著发表时间	定 义
塔西、加特纳和卡夫斯吉尔（Tasci & Gartner & Cavusgil,2007）	目的地形象是针对某地所持有的想法、观点、感觉、视觉和倾向等因素相互作用的一个系统
曾克和布朗（Zenker & Braun,2010）	某个区域的视觉的、语言的和行为的呈现在消费者大脑中形成的对于该区域的综合的联想，这种联想体现在这个区域的整体设计，以及与该区域相关的人的愿景、价值、文化、传播等方面
何国平,2010	作为国家形象的子系统，城市形象是人们对城市的主观看法、观念及由此形成的可视具象或镜像，由精神形象（信念、理念等）、行为形象与视觉表象（形象与识别系统等）三个层次组成

通过查看表 1-1 可以发现，尽管说法不同，大部分学者都认为城市形象是"对一地的态度、观点和看法"，是一种主观化的概念，源于人们主观的感知。但这种主观倾向并没有否定城市的物理性，尤其国内学者都强调，城市形象是人们基于城市行为及物理属性，经过自我编码而形成的感知、态度和观点。本书也将沿用这一广为接受的概念界定方式。

其次是"媒介镜像说"，该理论并不对城市形象与城市媒介形象进行严格区分，因为一个城市的媒介形象和这一地区的发展有着紧密的互动关系。地区的良性发展有助于形成好的媒介形象，良好的媒介形象也有助于地区的良性发展。[1] 这一路径认为，对于从未造访过当地的"他者"而言，媒介是他们凝视一个地方、形成城市印象的核心线索，尤其是偏远地区在媒介上的画像多半会被那些不住在这里的人接受，他们认为，这个地方的原貌就是他们在媒体上看到的样子。[2] 这从侧面说明，媒介是构造、强化地域认知的信息来源。基于这种"他者反观"和"媒介镜像"现象，媒介可以生产城市形象

---

[1] 何国平.城市形象传播：框架与策略[J].现代传播（中国传媒大学学报）,2010(8):13-17.

[2] ADONI H,MANE S.Media and the social construction of reality:toward an integration of theory and research[J].Communication research,1984,11(3):323-340;AVRAHAM E.Cities and their news media images[J].Cities,2000,17(5):363-370.

信息,作用于公众的认知、情感和态度。

再次是城市形象的"综合实力说",这种理论认为,城市形象不是一个纯粹的主观概念体系,它包含物理属性、总体性、功能性、心理性、共同性和独特性等方面。国内也有相当多的学者遵循这种思路,认为城市形象与形象建设工程、建筑规划等空间属性的维度密不可分,城市形象是城市功能性、情感性、自我表现性等战略识别要素在公众头脑中共同生产的一系列独特认知和联想。[1]

最后,也有相当多的学者从"身份认同"的角度定义城市形象:有学者认为,地方形象是地方身份的象征[2];也有学者认为,城市形象是自我与他者的认同性建构[3]。通过建立良好的身份认同,向利益相关者提供个性化的价值承诺,我们就可以凝聚内部相关者、强化内部认同,形成稳固的人—地情感联结,帮助城市建设者(比如政府治理机构、企业、市民等)增强城市的聚焦效应和辐射效应。[4]

二、城市形象的构成与测量研究回顾

根据上文所述,城市形象的定义范式直接影响了形象的构成维度和测量问题。迄今为止,影响最为深远、被引用最多、积累最多成果的视角,是从心理学领域的"态度ABC模型"出发对城市形象进行测量,学者从认知(cognitive)、情感(affective)、意动(conative)层面选取能代表城市形象的属性,建立一个尽量全面的属性表,并通过数学模型给所有组成因子赋值,最终形成综合性的指标系统。从几个不同侧面出发选取城市形象的代表属性,成

---

[1] 倪鹏飞.中国城市竞争力报告 NO.3 集群:中国经济的龙脉[M].北京:社会科学文献出版社,2005.
[2] AAKER J L,BENET-MARTÍNEZ V,GAROLERA J.Consumption symbols as carriers of culture:a study of Japanese and Spanish brand personality constucts[J].Journal of personality & social psychology,2001,81(3):492-508.
[3] KAVARATZIS M,ASHWORTH G J.Partners in coffeeshops,canals and commerce:marketing the city of amsterdam[J].Cities,2007,24(1):16-25.
[4] 马瑞华.城市品牌与城市竞争力机制研究[D].济南:山东大学,2007.

为不同城市形象构成模型的主要差异点，比如巴洛格鲁和麦克利里提出了一个广为接受的形象三维模型，他们保留了认知、情感层面，但将意动层面替换为整体形象(overall image)。① 他们认为，一个地方的整体形象由认知和情感两方面共同作用，但过往的研究过于关注认知测量，忽略了人们对一地的情感。后续的很多研究也都延续了这一思路。

（一）对城市形象"认知层面"的测量

加特纳最早提出基于"认知—情感—意动"(cognitive-affective-conative)的三维形象结构模型。其中，认知指的是针对某地的知识和观念；情感指的是针对某地所持有的情绪、感觉和依恋；在二者的基础上，形成了第三层面——"意动"，这一层面包含人们的行动倾向因素。后续的很多研究都基于这一框架进行。其中，巴洛格鲁和麦克利里将一个地方的整体形象考察分为情感维度和认知维度，没有保留意动维度。②

对于认知层面的测量，是城市形象早期研究的基本取向，占绝对优势，旨在准确测量游客关于一个地方的看法。这样的测量大多分为三个流程：首先，罗列关于一地的重要属性；其次，利用不同的研究方法，赋予不同类别权重；最后，选择能够最大荷载的主要属性，作为衡量城市形象的标准。这种取向将形象局限在认知层面——属性表的罗列。就形象的本质来说，通过属性表来测量形象，研究者无法抓住城市形象本身的综合性和复杂性。同时，人的行为并不总是被理性控制，愉悦、快乐等情感有时比实用更重要，应该寻找一种能够融合城市功能属性和心理属性的测量方法。

（二）对城市形象"情感层面"的测量

如前所述，20世纪90年代末期，以旅游研究和环境心理学为代表的学科领域开始寻找一种能够同时融合城市认知属性和心理属性的测量方法，

---

①② BALOGLU S, MCCLEARY K W. A model of destination image formation[J]. Annals of tourism research, 1999, 26(4): 868-897.

其中，学者拉塞尔（Russel）在20世纪80年代进行的一系列环境情感研究，对区域情感形象的测量起到关键作用。

拉塞尔及其团队在心理学情感体验结构的基础上，发展出了一种人们对特定环境情感评价的测量方法。他们抛开了过去情绪测量的分类路径（categorical），从维度路径出发，发现"愉悦—不愉悦"和"活力—沉睡"两个双极维度空间可以解释大部分多变情绪。其他情绪不是独立地处于不同类别中，而是在不同程度上综合了两个维度。举例来说，"兴奋"就是愉悦和活力的结合，放松就是愉悦和沉睡的结合。因此，愉悦和活力可以看作一个情感圆环的两个主轴，其他情感体验都分布在这个象限的不同位置，距离更近表示它们是更为相近的情绪点，拉塞尔将其发展成了情感的环形结构理论（the circumplex model of affect）。

迄今为止，国内外旅游研究、区域研究乃至消费品情感研究中，对测项的选择都会从情感的环形结构理论中汲取经验。从20世纪90年代开始，很多区域研究和旅游研究的学者，陆续通过案例证实了"活力—愉悦"双维情感测项在不同国家、不同文化、不同语言环境中的适应性。举例来说，韩宇检验了东京城市形象的情感层面，他发现，愉悦、活力、兴奋三个维度确实存在，这印证了拉塞尔的理论。[①] 沃姆斯利和詹金斯（Walmesley & Jenkins）立足人际传播理论视角，对澳大利亚新南威尔士州的城市形象进行了研究，这项研究的成果之一便是印证了拉塞尔的"活力—愉悦"双维模型，并将这个模型当作环境评估的基本模式。[②]

区域研究的学者逐渐发现，城市形象情感测量和拉塞尔的环境情感评价是有不同之处的，因此，不同的学者出于目的地情感测量特殊性的考量，不断将心理学的既有理论和成果进行改良。其中，霍萨尼和吉尔伯特

---

① HANYU K. The affective meaning of Tokyo: verbal and non-verbal approaches[J]. Journal of environmental psychology, 1993, 13(2): 161-172.
② WALMSLEY D J, JENKINS J M. Appraisive images of tourist areas: application of personal constructs[J]. The Australian geographer, 1993, 24(2): 1-13.

(Hosany & Gilbert)提出了一个包含快乐(joy)、爱(love)、惊喜(positive surprise)3个维度以及15个测量词的目的地情感量表。[①] 普拉亚格(Prayag)等人的研究主要关注的是人们对旅游目的地的消极情感体验,他们基于此开发了失望(disappointment)、不满(displeasure)和不高兴(unhappiness)的三维情感量表。[②] 如何发掘适合一个地方的情感指标,并有效获得结果,是该领域仍应进一步深入探索的方向。

本书在进行不同群体的城市形象感知测量与比较时,借鉴拉塞尔的情感的环形结构理论。在城市形象研究领域而不是旅游目的地形象研究领域,这种情感测量方式是否成立?如果不成立,它存在的问题是什么?未来可能的改进方向在哪里?这些问题是本书试图去初步回答的。

(三)几个广受关注的城市形象构成模型

以上针对形象的测量有着明显的心理学传统,鉴于城市研究与营销的密切关系,很多学者亦从品牌形象的角度,对城市形象如何构成这一问题,给出了新的答案。目前,影响较大的城市形象构成模型主要包括以下几个。

西蒙·安霍尔特(Simon Anholt)提出知晓程度、发展潜力、市民素质、先天优势、城市活力、地缘面貌6个方面构成一个城市的声誉。陈冠和王开探索性地研究了城市形象构成因子,提出城市形象指标体系由城市宜居程度、政府治理情况、经济发展水平、城市功能、城市潜力、视觉形象、绿化与道路建设、风情感受8个因子构成。[③] 此外,刘玉芳在构建国际城市的评价指标体系时,主要从经济发展、社会进步、基础设施、国际化水平4个方面综合评价城市的国际化程度。[④] 中国智慧工程研究会发布的中国智慧旅游城市

[①] HOSANY S,GILBERT D.Measuring tourists'emotional experiences toward hedonic holiday destinations[J].Journal of travel research,2010,49(4):513-526.
[②] PRAYAG G,HOSANY S,ODEH K.The role of tourists' emotional experiences and satisfaction in understanding behavioral intentions[J].Journal of destination marketing & management,2013,2(2):118-127.
[③] 陈冠,王开.城市形象构成因子、测评模型研究以及若干城市实证应用分析[C]//中国人民大学《城市品牌与营销》专题组.中国商品学会第十五届学术论坛论文集 2013.2013(8):154-161.
[④] 刘玉芳.国际城市评价指标体系研究与探讨[J].城市发展研究,2007(4):88-92.

(镇)建设指标体系主要包括平安指数、诚信指数、服务指数、智能指数和宜游指数,它们反映了智慧旅游城市(镇)的综合变动程度。①

目前,国内已有的城市品牌形象构成因素的相关研究,绝大部分基于公开统计数据的再整合。这种方法能够反映现实情况,但不能反映人们对现实的认知。认知也许是不全面的、充满偏见的,但对于消费者决策起作用的是对现实的认知,而不是现实本身。就结果来说,人们对现实的认知,有时比现实本身更重要。信念常常比逻辑更有力,认知常常比现实更强大。

通过对城市形象构念和测量的研究回顾,我们可以发现,这一领域的研究具有以下特点:其一,旅游视角的研究占据主流。区域和旅游目的地是两个不同的概念,一个区域,大到一个国家,小到一个村镇,它扮演的角色不会仅仅是旅游目的地,它也是居民生活的地方、学生求学的地方、商人创业的地方。因此,完全基于游客视角来看待一个区域,是失之偏颇的,区域是更加复杂多元的概念。其二,从研究对象上来说,对国家形象的研究占据主导地位。近十余年来,对城市的研究开始大幅增加,国内外都出现了较有影响力的形象指标体系。比如西蒙·安霍尔特的城市品牌指标调查、中国社会科学院旅游研究中心的中国城市品牌发展指数,都将形象纳入指标体系中。其三,就研究方法而言,相关研究过于依赖心理学传统的问卷量表问答。近年来,社交媒体日益普及之后,基于网络内容分析、社会网络分析的研究逐渐增多,但有学者指出,使用深层次、复合的分析方法研究日趋复杂的区域势在必行。

---

① 胥晓璇.中国智慧旅游城市(镇)建设指标体系发布[N].光明日报,2014-06-23(10).

第三节 城市形象感知的形塑机理研究回顾

"(一个地方的)形象到底如何形成,这个问题还没有足够的研究去证实"[①],在国外学者提出该问题后,国内学者也提出了类似的问题[②]。通过对相关文献的梳理,笔者发现,在形象研究的诸多领域中,关于形象传播机制及其有效性的专门研究起步较晚。目前,该领域的研究呈现出以下特点:经验性研究较多,而量化研究相对较少;概念模型较为丰富,但经过验证的模型相对稀缺。

一、媒介信息的中介作用

雷诺兹(Reynolds)将形象形成的过程描述为"在全部信息中选择若干印象,并在此基础上形成一个心理结构的过程"[③]。这里所说的信息包括大众媒体信息、口碑传播以及体验等因素。由此可见,不同来源的信息被视为塑造人们对世界感知的重要力量。

加特纳提出形象形成中介理论以来,该理论被学界广泛接纳,也有学者把这些媒体中介当作不同的信息来源,或者把它们当作划分形象类型的标准。人们接收到的旅游信息类型,决定了一地形象的形成。根据游客媒介接触类型的差异,城市形象分为原生形象(organic image)和诱导形象(induced image)。当旅游者或用户接收到非市场性的信息时,比如电影、文学作品这种难以被旅游机构控制的信息源,便形成了"原生形象";当旅游者

---

① GALLARZA M,SAURA I G. Destination image:towards a conceptual framework[J].Annals of tourism research,2002,29(1):56-78.
② 赖坤.大型事件对旅游形象的影响:以"问题中心路径"导向一个理论[D].广州:中山大学,2012.
③ REYNOLDS W H.The role of the consumer in image building[J].California management review,1965,7(3):69-75.

或用户接收到市场主体或广告主的营销信息刺激时,便形成了针对一个地区的"诱导形象"。费可叶和克朗普顿(Fakeye & Crompton)在这两类形象的基础上,扩展出了第三类形象——"复合形象"(complex image)[①]。以上学者都将信息来源作为区别三类形象的重要变量。他们认为,和现实的旅游经验相比,媒介信息是城市形象形成的重要因变量,会促使游客形成更加多元、复杂的城市形象感知。

从前端的"信息刺激"到后端的"形象形成"是一个信息加工过程。信息加工理论认为,人每天会接触到大量信息,就城市而言,媒体报道中关于一地的信息会被选择性地存储在人们的记忆中,即便是曾经耳熟能详的信息,也会随着时间的拉长和距离的增加而变得模糊。人们在不同的消费情境、旅游情境中激活了什么样的信息,激活的易得性如何,这些都是影响信息中介发挥作用的因素。因此,哪些因素对城市形象的形成产生了什么样的作用,是学者试图去诠释的重要问题。

二、个体心理因素的影响

在很长一段时间内,学者们都在试图寻找一个具有普遍意义的框架,去阐释区域形象的形塑机理。这类研究专注于界定主要的影响变量,并将它们进行简化和分类。例如,塔西在经济学理论框架下概念化了城市形象的形成机理。[②] 他认为,一个地方的形象可以作为城市资产而存在,历史、社会、物理空间、政治、法律、经济、文化等属性构成了形象的主要维度。城市形象管理者是供给的一端,他们的营销努力作用于不同的形象属性,满足了不同相关者(需求端)的不同需求和期望,形成了相关者群体心目中的目的地形象。这种形象在外部因素的作用下,导致了一定的行为倾向,这是一个

[①] FAKEYE P C,CROMPTON J L.Image differences between prospective,first-time and repeat visitors to the lower Rio Grande Valley[J].Journal of travel research,1991,30(2):10-16.

[②] TASCI A D,GARTNER W C.Destination image and its functional relationships[J].Journal of travel research,2007,45(4):413-425.

动态过程。这一类模型基于过去的研究提取核心变量,但并不进行量化检验,可以在定性的理论框架下进行归类、解释。

此后,对这些变量进行检验和证实的成果逐渐增多,研究者基本达成共识,信息中介需要经过众多因素的调节发挥作用。其中,动机、情绪类型、体验、满意度、文化背景和社会统计变量等个体层面因素被证实在城市形象感知中发挥显著效应,这些因素在不同的国家、文化和情境下被验证。

三、管理者的影响力

形象管理和城市品牌管理实际上是一个持续的过程,其中管理者的作用显而易见。帕斯奎内利(Pasquinelli)等学者认为,地方政府是区域形象塑造的领导者,直接决定着一个区域的品牌发展结果。[①] 在国内,这一偏向尤为显著,政府治理因素是我国城市形象管理(一般在城市品牌化的框架下一并讨论)中不可缺少、不可跨越的中介变量,政府建构性明显大于市场生成性。保继刚在论及城市旅游发展时指出,不同城市的旅游驱动机制是不一样的,政府治理模式是显著影响因素。[②] 胡晓云、德怀尔等国内外学者认为,城市的营销努力(不论这些努力是针对哪个层面)成功与否在很大程度上依赖于有效的组织领导,只有领导者"有激情、有精力和愿望去推动,城市品牌化或城市形象塑造才能顺利进行,如果领导者发挥消极作用,大部分区域的品牌化都将失败"[③]。近几年,当城市营销积累了足够多的实践经验以后,学者跨越了城市营销的本体框架,开始承认这一前提:一个城市的营销管理者是城市营销战略成功实施的重要条件。

---

① PASQUINELLI C, BELLINI N. Global context, policies and practices in urban tourism: an introduction[M]//BELLINI N, PASQUINELLI C. Tourism in the city: towards an integrative agenda on urban tourism. Berlin: Springer, 2017: 1-25.
② 保继刚.旅游研究进展(第10辑)[M].北京:商务印书馆,2020:45.
③ JØRGENSEN O H. Place and city branding in Danish municipalities with focus on political involvement and leadership[J]. Place branding and public diplomacy, 2016, 12(1): 68-77.

四、文化因素的影响

部分学者关注到社会文化因素在城市形象形成中的调节作用。奥兰·扬(Oran Young)曾提出,区域是社会文化意义的载体,从这个角度出发,某地的符号意义由区域推广者和区域消费者(游客)共同创造。[①] 在意义创造的过程中,人们对一地的社会文化刻板印象会超越该地的物理空间属性,构成外部群体城市形象感知的相当重要而顽固的部分。因此,赖辛格和特纳(Reisinger & Turner)建议,区域形象推广者应足够关注多元文化价值观和社会行为规范的影响,并进行文化差异化的区域品牌定位。[②]

区域偏见作为一个集体性的文化现象,是人们对特定群体和成员的特质、品性和行为的固定化看法和信念,它是一种典型的社会文化现象。有很多学者认为,偏见与经济发展水平有关系,比如,索梅兹(Sönmez)等人认为,斯洛文尼亚、土耳其、埃及、墨西哥这样的发展中国家会面临更严重的刻板偏见。[③] 这种偏见本质上是一种正面或负面的感知和信念,许多国家广告计划、目的地营销管理者在做的就是为一地树立正面的、积极的、愉悦的"偏见"。

然而,文化差异、群体认同、心理距离、刻板印象等社会文化因素与城市形象、消费者行为之间的关系尚未得到足够重视,鲜有可供参考的具体成果。究其原因,作为文化现象的区域偏见,与教育、媒介甚至政策密切相关,人们很难通过传统的结构化研究方法进行证实和测量,即便确认了区域偏见的存在,也很难通过定量方法去解释。目前,研究者即使采用小组访谈这种在区域传播研究中较为常见的定性方法,由于样本有限,也很难结合城市

[①] YOUNG O R.Inferences and indices:evaluating the effectiveness of international environmental regimes[J].Global environmental politics,2001,1(1):99-121.

[②] REISINGER Y,TURNER L W.Cultural differences between Asian tourist markets and Australian hosts,Part 1[J].Journal of travel research,2002,40(3):295-315.

[③] SÖNMEZ S F,APOSTOLOPOULOS Y,TARLOW P.Tourism in crisis:managing the effects of terrorism[J].Journal of travel research,1999,38(1):13-18.

形象或区域认同的框架,对这种宏观层面的文化现象做出具有解释力的论述。

五、多因素交叉作用下的城市形象驱动机制

不同学者从自身学科背景、研究视角和价值取向出发,综合考虑了影响城市形象的多元因素,建立了整体模型,但这些模型以经验理论模型为主。近年来,陆续有学者指出,需要对各种影响因素的作用机制、作用程度进行细化研究,以积累足够多的实证研究去指导实践。截至目前,区域形象形成模型可以被划分为三种类型。

第一种类型:研究者站在营销或其他外部因素的角度研究形象的形成。其中影响较大的有冈恩(Gunn)以信息来源为划分标准的形象模型。他认为,游客接收到的旅游信息类型,决定了目的地形象的形成。基于此,区域形象可以分为原生形象和诱导形象。当受众接收非市场性信息时,比如,电影、文学作品这种难以被旅游机构控制的信息源,便形成了"原生形象";当受众接收市场主体或广告主的营销信息刺激时,便形成了针对一个地区的"诱导形象"。[①] 后续的大量研究都建立在冈恩研究的基础上,印证了外部信息刺激对形象感知的作用。另外,巴洛格鲁从信息加工理论出发建立的"信息刺激—信息接收—重组—形象"形象演进模型也强调了媒介信息的重要性。国内学者刘建峰等人从社会认知理论的角度,提出了"解读—定性—共享—规范—形象"的演进模型,它强调受众对信息的解码过程对于形象形成的影响。

第二种类型:这类形象形成模型专注于界定主要的变量,并将它们进行简化和分类。这种模型基于过去的研究提取主要变量,不进行量化检验,在定性的理论框架下进行归类、解释。斯特布勒(Stabler)在经济学理论框架

---

① GUNN C A. Vacationscape: designing tourist regions[M]. Austin: bureau of business research, University of Texas, 1972: 52.

下对区域形象的形成机理进行了概念化阐述。① 他认为,形象的形成与发展受到消费者和供给因素的影响,消费者因子包括社会统计变量、动机、知觉、心理态度等,供给因素包括教育、媒介、营销和传闻。

第三种类型:这一路径的研究主要在识别、判定不同变量之间的关系。与第二种类型不同,这一类研究测量了变量的内部关系和它们对形象形成的影响。例如,斯特恩和克拉科夫(Stern & Krakover)从地理学角度出发,研究了空间视觉属性、地区人口规模、距离属性、气候等物理禀赋对于形象的影响。② 巴洛格鲁提出了一个旅游目的地形象形成过程的路径分析模型,该模型研究了5个外生变量(信息源的类型、信息源的多样性、年龄、教育背景、旅游心理动机)对于城市形象不同维度(情感、认知和整体)的影响。③

第四节 本章小结

通过本章的梳理,我们勾勒出了城市形象研究的基本脉络和学科格局。这些来自心理学、社会学、人文地理学、营销学、广告学的成果,都从本学科的角度对城市形象进行观照。关于城市形象这个问题,我们可以达成这样的几个理念共识,这是本书展开的逻辑基础。

一、城市形象是被感知的形象

城市形象不等同于媒介形象,也同环境研究领域的物理形象截然不同。

---

① STABLER M J.The image of destination regions:theoretical and empirical aspects[M]//GOODALL B,ASHWORTH G.Marketing in the tourism industry—the promotion of destination regions.London:Routledge,1988:29.
② STERN E,KRAKOVER S.The formation of composite urban image[J].Geographical analysis,1993,25(2):130-146.
③ BALOGLU S,MCCLEARY K W.A model of destination image formation[J].Annals of tourism research,1999,26(4):868-897.

城市形象存在于不同人群的心目中,散布在成千上万的相关者那里。人感知到的现实和现实本身不可能完全一致,因为大脑有某种筛选、组织外部刺激和处理纷杂信息的能力。这是人处理信息的生理能力,这种能力在某种程度上"歪曲"着外部世界,同时也极大地提升了人们处理信息的效率。

二、城市形象是多主体和多因素互动的结果

一个地区的形象不是与生俱来的,而是在与不同主体、不同文化因素、不同个体经验,甚至是在与其他地区的长期、持续交往和互动中形成的。因而,城市形象研究需要综合考虑到不同群体的需求和感知,脱离城市与其他行为体之间的互动,忽略城市发展的外部环境,单纯研究城市形象问题是没有意义的。

三、城市形象不等同于旅游目的地形象

目前,城市形象研究的很多理论都源于旅游形象研究,部分冠以"城市形象"称谓的研究,实则是把城市当作旅游目的地进行研究。旅游目的地形象研究的学科范畴、学术诉求都相对清晰,容易界定,但城市形象管理者要面对的不仅仅是旅游层面,还包括本地居住、投资、教育等方面。传统旅游目的地形象测量中被证实重要的维度和构成层面,对于兼顾居民、游客、投资者等群体需求的城市形象研究而言,也许其重要性会发生变化。城市形象的测量、构成研究需要研究者超越旅游层面,进行视角更宏观的深入探索。

四、城市形象感知形塑机理研究需要深入

现有针对城市形象感知形塑机理的研究,以概念模型和案例研究为主,经典理论中的作用要素在不同情境、不同区域乃至全新的媒介环境中,其适用性如何,如何界定其影响效用,尚未积累足够成果,需要不同学科的学者

在未来研究中给予更多的关注。

基于对城市形象研究的系统梳理,本书采取"小数据"问卷调查与"大数据"微博数据挖掘相结合的方法,融合了内部群体(以下简称内群)与外部群体(以下简称外群)两种视角,并探索不同相关者角色的内群、不同距离的外群对一地的形象感知到底呈现出哪些特点,其异同如何。在此基础上,本书立足于社会认知理论,去初步验证不同群体的形象生成机制,探究信息来源、个体经验、心理属性对于城市形象的影响力,以弥补现有研究的不足。

第二章　城市形象感知的研究路径与框架

本书研究的核心问题是城市形象感知的群体差异是否存在,并初步探究不同群体城市形象感知的深层驱动机理。针对研究问题,本书以吉林省长春市为研究对象,设计了"小数据"问卷调查与"大数据"社交网络分析相结合的研究方案。具体来说,本书采用问卷调查法收集长春、哈尔滨、北京、上海四个城市的内群和外群对长春的城市形象感知数据,包括认知形象和情感形象两个维度。针对不同利益相关者类型的内群城市形象,本书采取社交媒体数据挖掘的方式,尝试使用主题模型分析法和社交网络分析法探索不同内群在城市形象呈现维度、主题及其关系上的差异。在对群体感知差异性进行系统分析后,本书进行城市形象形塑机理研究,对于这一部分所涉及的影响因素,即心理变量(社会距离、城市涉入度)与媒介变量(信息中介、直接经验),使用问卷调查进行数据收集,进而利用结构方程模型验证因果效应。

第一节　因何选择长春：再生型城市的形象更新之困

一、研究对象的选择

区域本身是一个复杂议题，加上研究问题涉及具体区域形象维度的提取和测量，因此，大范围、多城市的样本方案并不现实。本书的研究对象为吉林省长春市，本研究定位为一项针对个案的研究。

个案研究作为社会学经验研究中的一项基本方法，其历史是很悠久的。罗伯特·E. 斯特克（Robert E. Stake）是这样界定个案的："个案可以简单，也可以复杂。它可以是一个儿童、一间儿童教室，或是一个事件、一次特殊情况（happening）……它是许多个中间的一个……个案是一个'有界限的系统'（bounded system）。"[1]他一再强调"界限"的重要性。本书以长春作为研究对象，是因为它在"文化界限"和"城市属性界限"上都具有特殊性和适配性。

就城市属性界限而言，长春是一个典型的再生型城市。既往的城市形象研究，大部分还是针对实力雄厚的大都市或超大城市，这些城市在资源禀赋、投资、旅游、教育、知名度和国内外声誉等方面，其认可度和接受度都更高。学者不断验证经典城市形象理论在这类城市中的适用性并加以修正。但世界的未来仅仅属于大都市吗？答案显然是否定的，我们需要对中小城市、困境城市进行更深入的研究和讨论。长春是吉林省省会，一个位于中国东北地区的老工业城市。新中国成立初期，吉林省同黑龙江省、辽宁省在钢铁、汽车、铁路等重工业领域占据绝对的产业优势，长春是中国第一个被称为"汽车城"的城市。进入21世纪，长春开始面临着产业转型和城市形象重建的问题。其实不止长春，整个东北地区的资源型城市发展状况的持续恶

---

[1] STAKE R E. The art of case study research[M]. New York: Sage Publications, 1995: 32.

化,引发了政府和舆论的双重关注。根据国务院 2013 年印发的《全国资源型城市可持续发展规划(2013—2020 年)》,黑龙江、辽宁、吉林三省分别有 11 个、15 个和 11 个资源型城市,其中一半以上城市属于衰退型城市。东北地区是中国非常典型的资源型城市集中区域。此后陆续发布的《中共中央 国务院关于全面振兴东北地区等老工业基地的若干意见》等纲领性文件都强调了"促进资源型城市可持续发展"的城市转型建议;在优化民生、完善城市功能等意见外,明确提出"加快发展旅游、养老、健康、文体、休闲等产业,把东北地区建成世界知名生态休闲旅游目的地"。

良好的城市形象不但可以拉动旅游,而且可以有效地吸引投资、人才、居民和就业者。对于长春这样的老工业城市而言,城市形象的更新是城市品牌建设的努力方向。通过合适的渠道和方式,强化城市的积极因素以抑制消极形象感知,是这一类城市迫切的现实需求。因此,本书选择了长春这样一个处于转型期的区域中心城市,它不是一个大都市或超大城市,不具有资源、声誉、产业上的绝对优势,也不是一个中小型城市,可以调动资源去建立简单、持续的城市定位。基于长春的城市形象研究可以帮助我们了解,一个老工业城市到底面临着什么样的形象更新问题,为更好地解决形象塑造和城市转型难题提供一定的依据。

二、样本城市的选取

长春的城市形象在不同群体中的感知是什么样的?针对这一问题,本书最终选择了哈尔滨、北京、上海作为样本城市,理由如下。

在中国这样一个幅员辽阔、历史悠久、文化多元的国家,各城市间的地域差异及其引发的文化差异是较为显著的,相关因素对城市形象感知的形塑机理需要研究者和治理者加以考量。鉴于形象本身的心理感知特质,基于不同细分市场的城市形象研究是一个合理的视角。长春作为吉林省省会,是一个典型的东北工业城市,"他者"对它的形象感知是怎样的?

城市营销的目的是吸引更多的定居人口、投资、旅游者,这是城市营销实践与研究的共识。对于长春而言,本地居民暂且不予详述,如何选择典型的外部城市进行形象感知研究?本书参照多年的《中国旅游年鉴》整理出"长春市国内旅游客源地市场构成前10名省份",如表2-1所示。

表2-1　长春市国内旅游客源地市场构成前10名省份

年 排名	2011	2012	2013	2016
1	吉林	吉林	吉林	吉林
2	辽宁	辽宁	辽宁	辽宁
3	黑龙江	黑龙江	黑龙江	黑龙江
4	山东	北京	北京	北京
5	北京	山东	山东	广东
6	河北	广东	广东	河北
7	江苏	河北	河北	山东
8	广东	江苏	上海	内蒙古
9	天津	浙江	江苏	山西
10	上海	上海	天津	江苏

考虑到旅游产业在城市形象研究传统中的重要地位,并综合2014年以来吉林省政府的战略合作框架协议签订省份,本书最终确定了哈尔滨、北京、上海三个城市,考察这三个城市群体针对长春的城市形象感知,并以此为基础,展开形象形塑机理的进一步探索。哈尔滨、北京、上海三个城市与长春的地理空间距离,呈现出"由近及远"的梯队属性,并且三个城市在文化上也具有相当的异质性。

第二节　研究方案设计:从案例深描到因果探索

本书主要采用问卷调查、数据挖掘、基于微博数据的社交网络研究这三种方式展开研究。表 2-2 呈现了城市形象感知及形塑机理研究方案。

表 2-2 城市形象感知及形塑机理研究方案

研究问题	研究范畴	研究对象	数据收集工具	分析方法
城市形象感知群体差异研究	内群城市形象感知	长春本地居民	问卷调查	基于 SPSS 的方差分析/F 检验
	外群城市形象感知：空间距离	哈尔滨、北京、上海	问卷调查	
	外群城市形象感知：社会距离	远—中—近距离群体	问卷调查	
	不同内群类型城市形象感知	城市形象管理机构群体、学生教育群体、源地品牌群体	微博数据挖掘	基于 UCINET 的社会网络分析法
城市形象感知形塑机理研究	信息影响变量	内群/外群	问卷调查	基于 Amos 的结构方程模型方法
	社会心理变量	内群/外群	问卷调查	

一、城市形象感知测量的研究方法选择

如表 2-2 所示，在城市形象感知群体差异研究部分，本书对不同群体眼中的长春形象进行测量并加以比对，并尝试使用传统问卷调查与社会网络分析相结合的方式进行数据收集。

对于内群、外群（哈尔滨、北京、上海）针对长春的城市形象感知数据，本书通过问卷调查法进行数据收集，具体可分为认知形象与情感形象两个层面，最终用于本次调查的问卷定稿详见本书附录 1 与附录 2。对于长春内部不同利益相关者群体的城市形象数据，本书采用基于微博的社交数据挖掘方式进行数据采集，最终选择了城市形象管理机构群体、学生教育群体和源地品牌群体 3 个内群。对于采集而来的数据，笔者使用 Python 编程语言开发的 jieba 工具包进行分词和关键词提取，而后使用软件 BibExcel 和 UCI-

NET进行数据处理和社交网络分析,具体操作方式详见第三章。

为什么在城市形象感知群体差异研究部分,本书采用两种基于不同逻辑的研究方法来进行数据收集和分析?一直以来,国内外学界对城市形象的测量,主要采用元素主义思路,罗列研究者认为重要的属性,测项的筛选决定了城市形象具体的构面。这种结构性测量的弊病在于,它粗暴而直接地将测项暴露在调查者面前,很容易限制形象可被感知到的真实边界。此外,它主要用于测量外显态度,忽略了对于内隐态度的测量。但它最大的优势在于,可以进行统计验证,当涉及验证因果关系时,它表现出了极强的适应力。对于本书而言,第二个要回答的核心问题——不同群体城市形象感知的形塑机理——便是基于因果关系的探索。因此,考虑到研究问题,以及结构性测量的既有丰富成果,本书依然部分保留了这种测量思路,也在借鉴前人量表的基础上考虑了长春的城市个性因素,形成了最终的形象测量指标,详见附录1和附录2。

然而,从研究主体来看,由于样本城市的地缘因素和人文因素,对其形象的感知来源无疑是广泛、复杂和多元的。此外,研究者使用统计调查的方式来分析区域形象的构成,因为情境原因,也较难得到真实的回应和结论。2010年以来,伴随着智能移动终端和脸书(Facebook)等社交媒体平台的高度渗透,人们可以随时随地在社交网络中发表意见,同时,不同群体之间的边界被前所未有地打破。社交媒体数据不仅包括多模态的媒介文本,还包括时间、发布者及其传播网络、地理位置信息等。即使大数据技术面临着相当程度的伦理问题,在政策允许的范围内,大数据技术也已经为研究者和商业领域提供了丰富、可探索的土壤。城市成为一个公共议题,人们将关于这个城市各方面的想法和观点记录在社交媒体上,以另一种方式向外传递着这个城市的形象。通过分析他们发布的文本、影像,研究者可以提炼出他们对城市形象的普遍感知,也能知晓这些传递者在如何塑造一个城市。最主要的是,微博数据并不是结构化的统计数据,它可以提供大量关系数据,而这并不是传统统计手段的优势。因此,可以说,社交网络分析为过去以调查为主要研究手段的城市形象研究提供了新途径。

把日常生活领域和非日常生活领域整合起来,就可以得到人类社会的一个金字塔结构。日常生活世界是非日常生活世界得以生成并赖以存在的基础。[①] 探究群体的城市形象感知,必然不能脱离日常生活语境。综上所述,本书尝试将社交网络分析作为形象结构化测量的补充,让数据以不加过多设计和干预的方式,呈现出更加鲜活的城市属性和更加丰富的主题,研究者从中找到关键的概念范畴,重现真实的、有活力的、多元化的地方感。

基于如上思考,如表 2-2 所示,在城市形象群体感知群体差异研究部分,本书采取了"以结构性测量为主,以社交网络分析为辅"的研究设计,在"内群—外群""不同社会距离外群和不同空间距离外群"的测量部分,使用问卷调查法;对于不同内群的城市形象感知分析,尝试了基于数据挖掘的社交网络分析法。

二、城市形象形塑机理的研究方法选择

城市形象感知形塑机理的研究目的是对城市形象形成的影响因素进行因果探索。为了验证区域形象及其影响因素之间的假设关系,本书将采用基于问卷调查数据的结构方程模型来完成数据的统计分析。

结构方程模型(structural equation model,简称 SEM)是一种建立、估计和检验因果关系模型的多元统计分析工具。它包含回归分析、因子分析、路径分析和多元方差分析等一系列多元统计分析方法,是一种非常通用的、线性的、借助于理论进行假设检验的统计建模工具。这一工具是卡尔·乔雷斯科格(Karl Joreskog)与其合作者在 20 世纪 70 年代提出并逐步完善的。20 世纪 90 年代以后,随着相关理论和分析软件的不断发展,结构方程模型在心理学、社会学、计量经济学、管理学、行为科学、市场营销和传播学等领域得到了广泛的应用。

一个完整的结构方程模型包含两个次级模型,它们是测量模型与结构

[①] 衣俊卿.现代化与日常生活批判:人自身现代化的文化透视[M].北京:人民出版社,2005:18.

模型。测量模型描述的是潜在变量如何被其相对应的测量变量所测量。结构模型探索的是潜在变量之间的关系以及模型中的误差。从本质上看,结构方程模型是一种验证式模型分析工具,它试图利用研究者所搜集的数据资料来确认假设的潜变量之间的关系,并确认潜变量与其测量指标的一致性程度,从而达到最终的验证目的。

可见,结构方程模型有助于本书完成以下工作:第一,检验不可观测的潜变量(包括城市认知形象、信息影响因素、社会心理因素等)与其测量变量之间的关系,也就是结构方程模型中测量模型的处理。第二,检验潜变量之间的因果路径关系,也就是区域形象及其影响因素之间的关系,这属于结构方程模型中结构模型的处理。

三、问卷的发放与样本构成

本书问卷主要由两部分组成:一为形象测量,二为形象驱动机制相关变量测量。问卷立足于既有理论成果,通过专家审核、学生讨论等修订环节,调整了个别问题的表述以及题目顺序等,最终形成了测试问卷。2019年12月20日—21日,笔者随机抽取东北师范大学和中国传媒大学的38位被试进行了问卷前测,前测问卷回收率100%,并使用测试数据对问卷进行了信度和效度分析。由信度和效度分析结果,笔者再次对问卷的个别问题进行删减、调整,最终形成了正式版问卷,而后进入问卷正式发放阶段。

(一)长春本地居民的问卷发放

正式问卷调查时间为2020年1月5日—19日,共计两周时间。笔者将修订后的最终版问卷录入问卷网制成网络问卷,并生成相应的二维码。

针对长春本地居民,笔者主要采用非概率抽样中的滚雪球抽样方法与网络问卷相结合的方式。抽样对象主要包括三个群体,他们都是城市营销研究中被广泛认可的内部利益相关者。第一个群体是普通长春居民(拥有长春户口);第二个群体是长春本地高等院校的在读学生(包括大学一年级到四年级);第三个群体是城市治理机构工作人员(包括交通管理部门与社区工作人员)。具体操作步骤为:立足于上述样本的社会交往圈层,每个群体皆随机选择5个起始发放者(每个起始发放者的社交关系网络规模都在200人以上)。为了保证5个样本总体的相对独立性,笔者在每个群体中尽量选择了5个社交网络不重叠的被访者。这15个被访者,首先自行填答问卷,接下来由他们向自己的社会交往人群发放问卷二维码。这是一种沿着受访者社交网络进行问卷发放、传递,以获取样本和调查数据的方式。虽然非概率特征不能代表样本总体,但是通过对于问卷发放起始点的随机选择,也可以在一定程度上增加抽取样本的代表性。

如上设计并非传统意义上的网络问卷调查,而是基于熟人社交网络的滚雪球式调查。由于受访者在填答问卷时,研究者并不在现场,无法有效控制问卷的填答和发放,网络问卷的技术优势可以很好地弥补这一劣势。笔者在本研究中主要采取了以下质量控制方式:其一,通过技术手段,笔者控制了填答者IP地址等物理特征,这有效避免了重复填答的问题;其二,为了避免被访者随意填答,笔者在后台设置了"连续4题同一选项,系统自动提醒""连续6题同一选项,则问卷填答终止"的技术条件,同时答题时间少于240秒的问卷自动剔除,这些措施弥补了纸质问卷调查经常出现的数据质量问题。

经过如上步骤,在两周调查期内,笔者最终获得360份有效问卷,以供后续使用。

(二)外群的问卷发放

针对哈尔滨、北京、上海这3个外群城市,问卷的发放与收集主要采取网络发放与配额抽样相结合的方式完成。参照以上3个城市的人口统计基本状况,笔者确定配额标准:第一,性别控制:男性样本控制在50%—55%的比例范围内。第二,年龄控制:18岁以下的样本予以剔除,18—24岁(10%—20%),25—30岁(10%—20%),31—40岁(10%—20%),41—50岁(25%—40%),51—60岁(10%—15%),61岁以上(不少于5%)。鉴于城市形象治理机构样本(政府管理部门工作人员)的获取难度,笔者在配额抽样的基础上,通过社交网络滚雪球的方式拓展这一部分样本,具体实施步骤与长春本地居民问卷收集的步骤相仿。

经过如上步骤,在两周调查期内,笔者最终获得657份有效问卷,以供后续使用。

(三)样本基本构成情况

结合长春本地居民和外群城市的问卷回收数据情况,本研究最终实际回收了来自4个城市1,017人的有效问卷,总体有效问卷回收率约为86%。表2-3为1,017名受访者的所属城市、性别、年龄、教育程度的基本分布情况。

表2-3　问卷调查样本构成

人口统计学指标		长春		哈尔滨		北京		上海	
		样本量(人)	百分比(%)	样本量(人)	百分比(%)	样本量(人)	百分比(%)	样本量(人)	百分比(%)
性别	男性	183	50.8	115	51.6	118	52.7	116	55.2
	女性	177	49.2	108	48.4	106	47.3	94	44.8
合计		360	100	223	100	224	100	210	100
年龄	18—24岁	188	52.2	71	31.8	70	31.3	46	21.9
	25—30岁	48	13.3	50	22.4	68	30.4	66	31.4
	31—40岁	99	27.5	32	14.3	37	16.5	34	16.2
	41—50岁	20	5.6	44	19.7	34	15.2	37	17.6
	51—60岁	3	0.8	19	8.5	11	4.9	18	8.6
	61岁以上	2	0.6	7	3.1	4	1.8	9	4.3
教育程度	小学毕业或以下	3	0.8	25	11.2	6	2.7	16	7.6
	初中、高中毕业	3	0.8	53	23.8	61	27.2	54	25.7
	中专或职高	12	3.3	28	12.6	79	35.3	18	8.6
	大专	48	13.3	30	13.5	24	10.7	46	21.9
	大学本科	245	68.1	54	24.2	34	15.2	48	22.9
	硕士及以上	49	13.6	33	14.8	20	8.9	28	13.3

四、社会网络分析的设计说明

在对城市形象管理机构群体、学生教育群体和源地品牌群体进行城市形象分析时,本书使用相关群体的微博数据,以主题模型分析法和社交网络分析法,结合基本数据描述统计,在数据预处理的基础上形成以亚群体为研究单位的文档集,并对不同群体的关注属性、主题分类进行提取,在此基础上开展分析,形成对区域形象感知以及形象属性相关关系的探讨。

(一)微博数据账号选取

本部分主要使用的是社交媒体数据源,笔者选择了社交网络平台微博作为数据获取平台。

根据研究问题和文献述评,笔者选择了城市形象管理机构群体、学生教育群体和源地品牌群体3个群体,采用账号和标签(hashtag)数据挖掘的方法,采集3个相关群体从2017年1月1日—12月31日所发布的微博文本。具体数据来源如表2-4所示。

表2-4 长春内群微博数据采集账号列表

	采集账号或标签列表	示 例
城市形象管理机构群体	旅游管理相关部门(n=4)	@吉林省旅游发展委员会(现更名为@悠游吉林) @长春文旅
	本地5A级景区及博览会常设机构(n=5)	@净月潭 @伪满皇宫博物院 @莲花山生态旅游度假村 @东方好莱坞长影世纪城 @东北亚博览会秘书处
	基层管理部门(n=6)	@二道发布 @朝阳发布
	综合治理部门(n=8)	@吉林警事 @长春交巡警 @吉林省民政厅 @吉林省环境保护厅
学生教育群体	普通本科院校(n=17)	@东北师范大学 @吉林大学
源地品牌群体	注册地为长春的著名企业品牌(n=7)	@长影集团 @皓月肉品 @长春亚泰官方微博 @中车长春轨道客车股份有限公司 @一汽-大众

通过调用微博应用程序接口、编写程序,笔者最终抓取了以上账号2017年发布的微博数据,记录总量42,762条,其中每条数据均包含用户信息、数据发布时间、文本内容、评论数、点赞数等。

(二)数据预处理

针对微博文本数据,本研究采取以下处理流程。

首先,构建文档集。将账号和标签数据按各个群体组合成文档集,具体方法为:同一群体的所有微博文本连接成一个长文本,这个长文本即不同利益相关者群体的文档集。

其次,清洗文档。清洗每一个文档,使用正则表达式替换方式,去除其中不需要的字符,包括标签、标点符号、数字、表情符号、特殊符号、网址链接等。

再次,分词并去除停用词。对经过清洗的每一个文档,使用分词系统分词,并去除其中的停用词。其中,本研究采用了一个较为通用的中文停用词表,并根据长春的基本情况,编制了地名、街道名、地铁站公交站名、方言、特定专有名词组成的特殊领域词典,将相关内容补充到通用中文词典。

最后,在得到由独立词语组成的文档集后,将文档集直接输入文本分析算法进行计算。

(三)词频统计与热词提取

基于清洗后的文本数据,笔者使用基于Python编程语言开发的jieba工具包进行分词和关键词提取。笔者建立关键词共现矩阵,绘制出不同群体作为城市形象传播与城市形象感知主体所关注的主题图。

(四)主题聚类:LDA主题模型

本研究基于LDA分别对4个群体的文本数据进行主题聚类分析。严格来说,研究者使用LDA主题模型的分析法,不需要提前对文本数据进行干预和归类,因为这是一种非人工干预的主题提取方法。它不需要使用者事先对文献内容进行了解,因此,它能够呈现数据本来的面貌。但在实际应用中,为了让输出的结果被人类理解,并可用作定性分析的材料,我们需要设置一些参数。其中一个重要参数是想让机器演算出多少主题,并用多少关键词进行表达。针对收集而来的微博数据,笔者采用以上步骤进行处理,以供分析使用。

第三章 谁的城市？
——城市形象感知的群体差异研究

形象的主观性决定了有一千个读者，便有一千个哈姆雷特。鉴于这种主观性，以及该词在社会生活中的普遍性，关于形象这个概念，曾经一度没有清晰的理论构念，连亨特在最初研究旅游目的地形象时，也承认了形象本身的模糊色彩，他用"印象"这个词来解释"形象"。[①] 1991年，费可叶和克朗普顿在关于旅游目的地形象差异的经典论文中写道："形象一直以来都和理论没有什么关系，也没有任何构念体系可言。"[②] 经过几十年的发展，城市形象构成研究形成了主流的元素主义测量观，城市形象以构成维度的面貌出现。近年来，在智能媒介技术的驱动下，部分学者开始强调，利用社交网络数据区别于传统调查数据的优势，脱离属性与维度的单一视角，进行"关系"范式下的城市形象构成研究。

基于如上思考，本章将城市形象的心理感知构成研究进一步下沉，站在不同群体需求、不同相关者角色的视角，使用结构化测量的方式去探究城市形象基本构成维度的群体性差异，并尝试使用社会网络分析的方式，去发现城市形象联想关系网络的群体性差异。

---

① HUNT J D. Image as a factor in tourism development[J]. Journal of travel research, 1975, 13(3): 1-7.
② FAKEYE P C, CROMPTON J L. Image differences between prospective, first-time and repeat visitors to the lower Rio Grande Valley[J]. Journal of travel research, 1991, 30(2): 10-16.

第一节 理论基础

正如前文所说,不同的群体对同一个城市的联想图式很有可能是不同的。举例而言,印度的国家推广计划"不可思议的印度"(Incredible India)包含神秘和新鲜特质,对于投资者来说也许该计划名称并不具有吸引力,甚至会带来不稳定、难以信任的暗示。我们有理由认为,由于不同角色群体对城市的需求和期望不一致,他们对城市的感知也存在群体性差异。本章抛开个体信息加工因素的影响,从利益相关者群体性差异的角度去分析城市形象感知图式。

一、"利益相关者"理论的提出

自斯坦福研究院于1963年提出"利益相关者"概念以来,这一概念在不同学科大放异彩。1963年伊戈尔·安索夫(Igor Ansoff)将这一概念引介到管理学和经济学领域,他认为:"一个理想的企业目标,必须综合考虑企业的诸多利益相关者之间相互冲突的索取权,他们可能包括管理人员、工人、股东、供应商以及分销商。"此后,弗里曼(Freeman)、布莱尔(Blair)、米切尔(Mitchell)等学者相继将这一概念扩充、完善,使得利益相关者成为在不同学科、不同文化背景下都被广为引用的理论框架。

在一项针对俄罗斯宜家的研究中,塔诺夫斯卡娅(Tarnovskaya)深度采访了10名员工和1名供应商,并在瑞典采访了8名企业经理。她进而发现,在市场力量的驱动下,内部利益相关者(雇员)和外部利益相关者(客户和供应商)的品牌感知是不同的。她认为,品牌价值的不同层面是相关的,其意义在于驱动"广泛的利益相关者类型",零售商需要调动诸多策略去识别网络中的行动者,并与他们建立关系。针对不同群体对品牌期望和感知都可能不同这一现象,学者费德勒(Fiedler)提出,应当找到能够协调所有群体的"元联想",但至今并没有研究能够证明这一理论的适用性。

二、城市形象领域的"利益相关者"

20世纪末,国内外学界都开始将利益相关者理论引用到城市管理和品牌传播领域,虽然营销领域内利益相关者理论已经被广泛接受,但学界对区域利益相关者的研究不足。在区域语境下,与产品品牌或服务品牌相比,区域的相关者数量更多、管理者的决策也更艰难。那么,城市形象塑造的利益相关者有哪些?

区域的相关者群体分布广泛,粗略来说,可以分为内群和外群。居民是典型的内群,游客是典型的外群,两者都可以再下沉到亚群体层面。在早期的区域营销成果中,学者认为,区域的三大相关者群体为居民、企业和游客。[①] 实际上,对于区域来说,还有更加多元复杂的相关群体,比如商人、投资者、学生、特殊兴趣群体,决策者需要考虑到所有群体的需求。此后,越来越多的研究者开始从群体差异角度展开城市形象研究。比如曾克曾从城市营销的角度细化了城市传播的常见市场细分群体。[②] 他认为,需要对城市市场做更精细的划分,将造访者(visitors)分为商务出行者和休闲旅游者,即使是内群也分为创意阶层人士、职业技能人才、学生与普通居民等,而投资商人群体被划分为公共服务提供者(他将政府部门人员归类于此)、投资者和公司经营者。以曾克为代表的一批欧洲学者对城市形象及相关者的划分,与欧洲的政治制度和城市发展轨迹有密切关系,其很难完全适用于我国的城市实践。从利益相关者角度去理解城市传播、城市营销和城市品牌,已经成为国内外学界的共识。

[①] ASHWORTH G J, VOOGD H. Selling the city: marketing approaches in public sector urban planning[M]. London: Belhaven Press, 1993:5.

[②] ZENKER S, MARTIN N. Measuring success in place marketing and branding[J]. Place branding and public diplomacy, 2011, 7(1):32-41.

就我国而言,自 2005 年后,专门针对城市形象相关者的研究逐步进入视野,学者从我国的特殊国情和城市发展模式出发,不断强调政府[1]、公众[2]、企业投资者[3]、游客[4]、文化创意群体[5]等不同角色对城市形象建设、城市品牌塑造的重要作用。他们认为,城市品牌的管理和传播是一个各方利益相关者相互协作、相互博弈的竞合过程,并从理论上肯定了建立城市品牌生态系统的重要意义。

三、城市研究中的"内群"与"外群"

最早对内群与外群展开细分研究的是旅游目的地研究者。伴随着城市化进程的推进,后工业时代的城市更新和转型成为呼声强烈的现实需求。在这样的背景下,城市旅游业前所未有地发展起来,游客群体与居民群体的关系作为旅游产业发展的一个环节被关注。

对于旅游行业而言,本地人和游客对目的地的理解显而易见是不同的。一方面,部分研究者的成果肯定了内外群的形象感知差异。朱特拉(Jutla)以印度城市西姆拉为例,检验了游客和居民对该地的形象感知,两个群体虽然对城市满意度的评价都相对消极,但又有所差异。[6] 游客更多去关注自然景观和文化景观,而居民的形象评价主要建立在城市熟悉度之上,二者对城市地标建筑的观点显著不同。阿加皮托(Agapito)等人研究了域内居民、国

---

[1] 倪鹏飞.中国城市竞争力报告 NO.7 城市:中国跨向全球中[M].北京:社会科学文献出版社,2009.
[2] 刘彦平.中国城市营销发展报告 2009—2010:通往和谐与繁荣[M].北京:中国社会科学出版社,2009.
[3] 韦文英.区域价值的载体:区域产品[J].学术论坛,2005(11):92-96.
[4] 白凯,马耀峰,李天顺,等.西安入境旅游者认知和感知价值与行为意图[J].地理学报,2010,65(2):244-255.
[5] 张国治.从艺术设计、文化创意产业到城市文化品牌形象营销[J].福建师范大学学报(哲学社会科学版),2014(4):162-166.
[6] JUTLA R S.Visual image of the city:tourists' versus residents' perception of Simla,a hill station in northern India[J].Tourism geographies,2000,2(4):404-420.

内游客和国外游客三个群体对佛罗里达州的形象感知,并发现了显著差异。① 后续的很多研究也都证实了本地群体和外地群体的形象感知差异。有的研究主要证实了形象构成维度和因子上的差异。冯健以北京为例,证实了居民的城市空间感知与其他人群具有差异性,并对差异的产生原因进行了实证检验。② 有的研究在此基础上引入了情感维度测量,发现本地人和外地游客在城市新旧形象、特色吸引物评价和空间意象感知方面的差异。

此外,也有相当一部分研究成果没有证实群体差异的存在,托马斯(Thomas)以五个澳大利亚度假小镇为研究对象,发现内外群的形象构成首要因子基本相同。③ 亨克尔(Henkel)等人针对泰国的研究发现,内外群在形象感知上并不存在显著差异,只是不同因子的重要性略有差异,比如当地居民和国内人群更强调文化景观、城市友善度和美食显著度,而国际游客则对娱乐产业和夜生活更感兴趣。④

在休闲旅游或商务旅游领域,游客一直是主要的目标群。在这些相关研究中,研究者主要关注一个地方的旅游形象,将一个地方的角色定位为旅游目的地⑤,而不是生活的地方。然而,这种倾向会导致人们狭隘地理解一个地方。近几年,对城市形象差异的研究逐渐扩展到旅游目的地以外的范畴,比如国家形象或城市形象。但其实,关于这个问题的诸多探讨,都内嵌在城市品牌、城市营销的研究中,专门针对城市形象感知差异的研究并不多。相当一部分成果是经验性的定性探讨,研究者发现了将城市作为目的

---

① AGAPITO D, MENDES J C, VALLE P O. Destination image: perspectives of tourists versus residents[J]. European journal of tourism, hospitality and recreation, 2010, I(1): 90-109.
② 冯健. 北京城市居民的空间感知与意象空间结构[J]. 地理科学, 2005(2): 142-154.
③ THOMAS M. The image of towns in Australia from the perspective of tourists, residents and local leaders[D]. Townsville: James Cook University, 1998.
④ HENKEL R, HENKEL P, AGRUSA W, et al. Thailand as a tourist destination: perceptions of international visitors and Thai residents[J]. Asia Pacific journal of tourism research, 2006, 11(3): 269-287.
⑤ LIM Y, WEAVER P A. Customer-based brand equity for a destination: the effect of destination image on preference for products associated with a destination brand[J]. International journal of tourism research, 2014, 16(3): 223-231.

地去研究的弊病①,城市需要满足目标游客市场、居民、投资者等全域化群体的期待和需求②,城市策划和营销要识别、体现城市各方的意见,包括本地居民、投资者和旅游者③,以及其他亚文化群体④。我国学者也从国情出发,肯定了政府、社区居民、旅游企业、旅游者的重要作用。

第二节 研究问题的提出

一、内群与外群眼中的城市形象

就内群而言,居民不应该仅仅是城市形象的传递者和分享者,应该以更主动、更深入的方式参与城市形象塑造和城市品牌化运动中,比如城市规划的发起、城市定位、城市地标景观建设等营销策略层面,学者称这种趋势为"基于共创的城市品牌理念"⑤。学界的这种呼吁并非毫无根据,这种基于"共创"的理念,实际上反衬出过去人们对本地群体的忽视。在城市形象研究方面,管理者和学界曾经一度更加关注如何吸引游客、求学者和投资者,而对居民的研究涉入甚少。

诸多学者都强调了居民在区域品牌化过程中的意义,认为居民是一个区域最重要的相关群体,因为他们既是区域形象的构成部分,又是区域产品

---

① CATHY H, CAI L. Brand knowledge, trust and loyalty: a conceptual model of destination branding[J]. International CHRIE conference-refereed track, 2009, 12(2): 1-8.
② HANNA S, ROWLEY J. Towards a model of the place brand web[J]. Tourism management, 2015(48): 100-122.
③ KAVARATZIS M, ASHWORTH G J. Partners in coffeeshops, canals and commerce: marketing the city of Amsterdam[J]. Cities, 2007, 24(1): 16-25.
④ ZENKER S, ERFGEN C. Let them do the work: a participatory place branding approach[J]. Journal of place management and development, 2014, 7(3): 225-234.
⑤ BRAUN E, KAVARATZIS M, ZENKER S. My city-my brand: the different roles of residents in place branding[J]. Journal of place management and development, 2013, 6(1): 18-28.

的"消费者"。与其他利益相关者群体相比,本地居民更容易影响城市形象,也更容易受到城市形象积极与否的影响,他们每天在这片土地上生活、交往,时时刻刻都拥抱着这个地方。他们是城市形象乃至城市品牌的拥有者和消费者,每天都以有意或无意的方式传递着一个城市的信息。这些信息中蕴含着个体对一个城市多样化的观点。很多学者发现,城市规划者、居民和旅游管理人员对一个城市的期望和感知是不同的。梅里利斯(Merrilees)等学者站在居民和商业人群的不同群体视角,以澳大利亚黄金海岸为研究对象进行了城市品牌联想和评价的分析。[①] 他们的研究发现,不同群体对该地的印象和评价差异巨大,形象图式作为一种"过滤器"装置,影响了群体对城市品牌的整体理解。这种现象在城市新项目的接受程度上影响更为显著。但目前的研究,以针对研究对象的描述性分析为主,无论是"差异派"还是"形似派",都没能进一步对感知结构进行深入阐述,存在以白描事实为主、理论阐释匮乏的问题。

基于以上理论及其经验回顾,本书在对城市形象感知进行群体差异研究时,首先选定的一对差异视角是"内"与"外",即研究本地居民与外部人群对一个城市的形象感知情况。研究问题具体如下。

RQ1:本地居民与外部人群在城市形象感知上是否存在显著差异?

RQ1-1:本地居民与外部人群的城市认知形象感知是否存在显著差异?

RQ1-2:本地居民与外部人群的城市情感形象感知是否存在显著差异?

二、空间距离与城市形象感知

对于距离与空间环境的关系这一课题,最早是人文地理领域学者进行研究与关注,研究者们发现,距离不仅仅是可被度量的物理客观距离,在社会语境下、在人与空间的关系建构中、在空间意象的感知中,距离具有社会

---

① MILLER D, MERRILEES B. Department store innovation: David Jones Ltd., Australia, 1876-1915[J]. Journal of historical research in marketing, 2016, 8(3):396-415.

心理属性。① 在很多场景下,不是物理距离,而是感知距离、心理距离在影响着人们对特定空间指示物的感知。旅游学者开始关注距离这一话题,但针对城市形象与距离的研究成果相当薄弱。我们可以从空间距离与社会距离两个角度来梳理距离对城市形象感知的影响。

就空间距离与城市研究而言,人文地理学者于20世纪60年代首先关注距离与空间的感知关系,他们从地理接近性的角度对空间距离进行了研究,提出物理属性上的接近性可以解释44%—73%的感知距离差异②,并将物理学上的距离衰减定律引入人文地理学科中。地理学学者们关注城市结构对于距离感知的影响,有学者发现"转弯"和"交叉口"可能会影响人们对空间距离的评价;有学者发现了社会性因素对于距离感知的影响,比如布朗(Brown)等人在实验设计中要求孩子去评价距离远近,证明年龄可以影响距离感知③。此后,大量人文地理学者开始将"人"的要素引入距离测量中,并持续开发测量感知距离的具体方法。

到了20世纪90年代,对距离的研究开始进入旅游学科视野。有研究者提出,应当在旅游行为研究的各个方面全面考察距离的预测作用,并以澳大利亚东海岸为研究对象,证实了实际距离和感知距离对于游客认知的影响。④ 哈拉伯(Hallab)的研究也考察了空间距离对于非居民外群的形象感知的影响。他发现,来自美国南部的群体对密西西比州的形象感知强度更高。⑤ 就国内而言,研究者也关注了距离差异对于旅游目的地形象认知的影响,有研究肯定了二者的相关性,比如张宏梅等人以周庄为例,运用因子分

---

① BAUM D R,JONIDES J.Cognitive maps:analysis of comparative judgments of distance[J].Memory & cognition,1979,7(6):462-468.
② THOMPSON D L.New concept:subjective distance[J].Journal of retailing,1963,39(1):1-6.
③ BROWN M A,BROADWAY M J.The cognitive maps of adolescents:confusion about inter-town distances[J].Professional geographer,1981,33(3):315-325.
④ WALMSLEY D J,JENKINS J M.Cognitive distance:a neglected issue in travel behavior[J].Journal of travel research,1992,31(1):287-303.
⑤ HALLAB Z,KIM K.The effects of nonresidents' geographical and cultural distance on a tourist destination's image[M]//CHEN J S. Advances in hospitality and leisure:volume 7.Leeds:Emerald Group Publishing Limited,2011:131-152.

析、单因素方差分析等定量统计方法,比较了不同空间距离的5个城市群体对于周庄旅游形象的认知差异。① 也有研究通过对不同城市的研究,验证了这种差异性。②

部分研究对此持否定观点,比如楚冰倩设计了一项针对不同距离的旅游者及潜在旅游者对于昆明旅游形象感知的研究,结果发现差异并不明显。③ 此外,也有学者研究了空间距离与城市满意度④、旅游空间行为⑤的关系。基于如上论述,我们可以发现,关于空间距离及其感知在区域形象层面的作用力,还有很大的研究空间可以拓展,这一因素在不同情境、不同地域下的影响需要进一步证实。城市形象与旅游目的地形象研究虽然同属区域形象研究范畴,但二者的内涵和外延差异巨大,城市形象研究所关注的群体要丰富得多。因此,验证不同距离群体的城市形象感知差异,并作出进一步分析,在学理层面和实践层面皆具有相当意义。

基于以上经验研究回顾,本书选择了与长春在空间距离上"由近及远"的三个城市——哈尔滨、北京和上海。本书研究这三个城市的外群对长春的城市形象感知差异,并提出如下研究问题。

RQ2:不同空间距离的外群在城市形象感知上是否存在显著差异?

RQ2-1:不同空间距离的外群在城市认知形象构成维度及其因子构成上是否存在显著差异?

RQ2-2:不同空间距离的外群在城市情感形象构成维度及其因子构成上是否存在显著差异?

---

① 张宏梅,陆林,章锦河.感知距离对旅游目的地之形象影响的分析:以五大旅游客源城市游客对苏州周庄旅游形象的感知为例[J].人文地理,2006(5):25-30,83.
② 周芳如,吴晋峰,吴潘,等.旅游者感知距离的影响因素分析[J].浙江大学学报(理学版),2016,43(5):616-624.
③ 楚冰倩.新媒体对旅游形象空间距离衰减效应的扰动研究[J].旅游纵览(下半月),2019,4(2):14-15.
④ 张宏磊,张捷,史春云,等.感知距离与游客满意度影响关系研究[J].人文地理,2011(5):117-120,142.
⑤ 黄泰,张捷,解杼,等.基于区域城市体系的旅游地域系统空间组织研究:以江苏为例[J].人文地理,2003(2):49-54.

RQ2-3：是不是空间距离越近，外群对长春的形象感知评价越高？

三、社会距离与城市形象感知

"社会距离"(social distance)这一概念最早由塔尔德(Tarde)在其经典著作《模仿的规律》一书中提出，最初是用来阐释阶级差异的概念。[①] 此后经过齐美尔、戈夫曼、帕克的进一步发展，这一概念被引入文化研究领域，尤其是芝加哥学派代表人物帕克将社会距离理论运用到城市研究中。与空间距离不同，社会距离的亲疏远近主要由社会条件决定。

关于社会距离的定义与测量，成为旅游、营销、管理与社会学相关领域中的重要话题。就管理领域而言，瓦尔尼(Vahlne)将社会距离定义为阻碍潜在的供应商与顾客之间信息流动的因素。这些因素包括语言、教育、商业习惯、文化、宗教信仰、政治体系和工业发展阶段的差异。[②] 20世纪80年代—90年代，霍夫施泰德(Hofstede)提出并深化了影响深远的"文化维度理论"(cultural dimensions theory)，从跨文化传播的角度阐释了群体间社会距离的丰富内涵。[③] 后续的大量成果都证实了社会距离对于外商直接投资、组织绩效、市场选择等领域的影响。

如果要探讨社会距离与城市形象的研究历史，向上溯源，应有两个方面对其影响甚深。一是社会距离与品牌态度研究。有学者基于社会距离远近提出了内群品牌与外群品牌的区分[④]，这实际上是将内群偏好理论引入品牌态度研究中去，其理论划分的基础是"社会心理距离会影响到群际冲突"。

[①] TARDE G.The laws of imitation[M].New York:Henry Holt Company,1903:7.
[②] JOHANSON J,VAHLNE J. The internationalization process of the firm:a model of knowledge development and increasing foreign market commitments[J].Journal of international business studies,1977,8(1):23-32.
[③] HOFSTEDE G.Culture's consequences:international differences in work-related values[M].New York:Sage Publication,1984:43.
[④] CHOI W J,WINTERICH K P.Can brands move in from the outside? How moral identity enhances out-group brand attitudes[J].Journal of marketing,2013,77(2):96-111.

简言之,社会距离越近,消费者对品牌的态度就越积极。① 群体间社会距离的亲疏远近是认同与行为意向之间的中介变量②,心理距离与其他因素一起对品牌态度产生交互作用③。当然,也有学者认为,社会距离在跨文化品牌选择中的影响作用被夸大④,但更多的成果肯定了社会距离与品牌态度的显著相关性。二是社会距离与旅游研究的结合。尽管沃姆斯利很早便提及,旅游当中的心理距离可能是一个关键的问题,但目前关于旅游与社会距离的研究成果并不丰富。⑤ 学者们多以国别为社会距离划分的标准,研究不同国家游客的旅游感知差异⑥,关注国别文化价值观的影响作用。后续的部分研究,跨越了国别标准,研究不同地域文化差异对个体旅游目的地形象感知的影响⑦,或从民族文化的角度分析旅游地形象感知的结构性差异⑧。这些旅游领域的研究多是向文化研究、史学研究寻求学术滋养与依据,通常基于主观层面的文化或社会距离划分,关注文化差异、民族差异或价值观差异,比如张高军等研究京派文化群体(北京)与海派文化群体(上海)对杭州市的城市形象感知差异⑨;吴必虎综合地理环境、历史发展和相对区位几个因素,将中国划分为西南文化区、黄淮海文化区等八大文化区,这一划分标准也影

---

① LIBERMAN N,FÖRSTER J.The effect of psychological distance on perceptual level of construal[J].Cognitive science,2009,33(7):1330-1341.
② WINTERICH K P,MITTAL V,Ross W T.Donation behavior toward in-groups and out-groups:the role of gender and moral identity[J].Journal of consumer research,2009,36(2):199-214.
③ 贺冬锦,孙洪庆,向绍信,等.语言修饰性与心理距离对消费者品牌态度的交互影响研究[C].2014年中国市场营销国际学术年会,2014:17.
④ CHILD J,NG S H,WONG C.Psychic distance and internationalization:evidence from hong kong firms[J].International studies of management and organization,2002(32):36-56.
⑤ WALMSLEY D J,JENKINS J M.Cognitive distance:a neglected issue in travel behavior[J].Journal of travel research,1992,31(1):287-303.
⑥ CROTTS J C.The effect of cultural distance on overseas travel behaviors[J].Journal of travel research,2004,43(1):83-88.
⑦ 李蕾蕾.旅游目的地形象的空间认知过程与规律[J].地理科学,2000(6):563-568.
⑧ 胡兆量,阿尔斯郎,琼达,等.中国文化地理概述[M].北京:北京大学出版社,2001.
⑨ 张高军,吴晋峰.不同群体的目的地形象一致吗?——基于目的地形象群体比较研究综述[J].旅游学刊,2016(8):114-126.

响了很多旅游研究者的旅游区样本筛选。① 由此可见,社会距离与旅游目的地形象研究,目前尚有空间,研究者可以根据更为严谨、精确的划分方式来进行研究。

基于以上研究回顾,本书借鉴业已成熟的鲍格达斯社会距离量表与利伯曼社会距离量表进行设计,通过测量外群(哈尔滨、北京、上海)与长春的社会距离,将外群划分为"远—中—近"三个社会距离群体,以研究他们是否在城市形象感知上呈现差异,并分析这种差异是如何呈现的。具体而言,本书提出如下问题。

RQ3:不同社会距离的外群在城市形象感知上是否存在显著差异?

RQ3-1:不同社会距离的外群在城市认知形象构成维度及其因子构成上是否存在显著差异?

RQ3-2:不同社会距离的外群在城市情感形象构成维度及其因子构成上是否存在显著差异?

RQ3-3:是不是社会距离越近,外群对长春的形象感知评价越高?

四、不同内部利益相关者及其城市形象感知

近年来,西方学者开始更多地聚焦于居民、投资者在城市品牌化中的角色,以及不同利益相关者群体对区域形象感知的差异,但在国内外当前的城市推广实践中,治理者主导的精英化倾向依旧是主流,公众参与或其他主体涉及不多。

就研究方法而言,从2010年以来,伴随着智能移动终端和微博、微信等社交媒体平台的高度渗透,人们可以随时随地在社交网络中发表意见,不同群体之间的边界被打破。② 在城市中,每一个人都成为能够感受政治、经济、

---

① 吴必虎.中国文化区的形成与划分[J].学术月刊,1996(3):10-15.
② 易峥,李继珍,冷炳荣,等.基于微博语义分析的重庆主城区风貌感知评价[J].地理科学进展,2017(9):1058-1066.

文化、历史和环境等各种因素的传递者,他们将自己感受到的内容发布在社交媒体上。通过对这些数据的分析,我们可以提炼出他们对城市形象的普遍感知。此外,微博数据并不是结构化的统计数据,它可以提供大量关系数据,而这并不是传统统计手段的优势。因此,可以说,社交网络数据为过去以调查为主要研究手段的城市形象研究提供了新途径。

此外,城市内部利益相关者群体的接近性较低,本研究针对内部细分群体的城市形象感知研究部分,将利用社交媒体大数据,尝试回答如下问题。

RQ4:作为城市形象的载体和城市品牌的构成部分,不同内群在社交媒体上的传播图式分别是如何呈现的?有何异同?

具体而言,包括以下几个问题。

RQ4-1:作为城市形象的载体和城市品牌的构成部分,源地品牌群体在社交媒体上的传播图式特点是什么?

RQ4-2:作为城市形象的载体和城市品牌的构成部分,学生教育群体在社交媒体上的传播图式特点是什么?

RQ4-3:作为城市品牌的重要参与者,城市形象管理机构群体在社交媒体上的传播图式特点是什么?

第三节 问卷设计与检验方法

一、城市形象的结构化测量

如前所述,本研究延续了形象测量的"态度 ABC 模型"的心理学传统,从认知(cognitive)、情感(affective)两个层面对不同群体眼中的长春进行测量。现对长春认知形象和情感形象的测量问卷及问卷信度与效度加以说明。

(一)认知形象测量

目前,国内外对城市形象认知层面的测量,主要采用以元素为基础的方式,测项的筛选决定了形象测量的细节。

在问卷编制过程中,研究者通过文献阅读,参考了过往经典城市形象测量的问卷成果,如表3-1所示。亨特在1975年测量美国四州的形象时,仅选取了10个形象测项,"国家公园""营地"等入选测项有着明显的旅游倾向,后续的经典研究也将城市作为一个旅游目的地来看待。进入2000年以后,形象的结构化测项迅速增多,越来越多的属性因子被纳入测量范围,最主要的是,很多研究开始关注"地方氛围""潜力""文化历史"等维度,不再呈现单纯的旅游导向。对于城市形象的研究,首先需要厘清的便是它与旅游目的地形象研究的不同。住宿、交通、景区、旅游设施等形象维度,对于游客来说,其重要性不言而喻,但对于更广泛的城市研究而言,需要平衡旅游研究思维。西蒙·安霍尔特在构建全球城市品牌指数时,曾提出知晓程度、地缘面貌、市民素质等六大维度。[1] 这一指标体系产生了全球范围内的广泛影响力,它的优点在于兼顾城市形象的多面性,但其实有部分维度是偏向于城市竞争力、城市品牌识别层面的。国内学者在对国内城市进行形象研究时,开发了社会环境、公共服务、城市治理形象、城市宜居程度等更适合本土国情的形象维度。

---

[1] 安浩.铸造国家、城市和地区的品牌:竞争优势识别系统[M].葛岩,卢嘉杰,何俊涛,译.上海:上海交通大学出版社,2010:70.

表 3-1　城市认知形象结构化测量研究成果简表

文献	测量地域	形象维度与因子
亨特(1975)	美国四州	国家公园、城市、国家森林、营地、风景、滑雪等
费可叶(1991)	美国里奥格兰德河谷	社交机会与吸引力、自然与文化氛围、硬件设施与交通、饮食文化与居民友善度、娱乐与夜生活5个维度
贝利(2004)	希腊	自然资源、基础设施、旅游设施、文化历史与艺术设施、地方氛围、社会环境、政治经济因素等
安霍尔特(2006)	全球城市	知晓程度、地缘面貌、城市潜力、城市活力、市民素质、先天优势6个维度,30余项二级指标
白凯(2010)	中国	旅游地社会环境、旅游设施、公共服务、旅游吸引力、旅游服务
维斯娜(2013)	柬埔寨吴哥窟	目的地声望、可达性、文化差异、文化和历史吸引物、地方风情等
陈冠等(2013)	北京、上海、天津、重庆、广州	旅游目的地形象、城市营商形象、政府治理形象、城市宜居程度、城市功能、城市品牌竞争力、城市经济系统以及城市潜力

最终,本研究参照安霍尔特城市品牌指数体系中关于形象的维度设计,以及陈冠的城市形象测量设计,综合长春在历史、经济、文化归属上的个性情况提炼了24个测项,作为长春认知形象感知的数据结构。本研究使用各题项得值与其所测量变量各题项修正后的项的总相关系数(Corrected Item-Total Correlation,CITC),以及克朗巴哈系数(Cronbach's α)来测量问卷的内部一致性。具体得值如表3-2所示。

表 3-2 长春认知形象测量问卷设计与信度(内部一致性)

测量概念	编号	题项(简)	内群(长春)		外群(哈尔滨、北京、上海)	
			CITC	Cronbach's α	CITC	Cronbach's α
Q1：认知形象测量	1	求学的好地方	0.638	0.965	0.639	0.962
	2	适合投资	0.711		0.715	
	3	适合就业	0.736		0.753	
	4	经济发达	0.771		0.727	
	5	本土品牌实力强	0.728		0.728	
	6	产品优质	0.791		0.736	
	7	积极贡献	0.766		0.687	
	8	经济环境稳定	0.758		0.741	
	9	科技创新	0.747		0.760	
	10	本地文化魅力	0.588		0.712	
	11	历史悠久	0.620		0.610	
	12	文化影响显著度	0.755		0.699	
	13	长春人勤劳	0.766		0.731	
	14	长春人正直可信	0.728		0.684	
	15	长春人热情友好	0.571		0.597	
	16	教育水平高	0.803		0.729	
	17	政府治理主动性	0.792		0.721	
	18	政府治理有效性	0.805		0.778	
	19	干净	0.732		0.692	
	20	安全	0.639		0.689	
	21	交通便利	0.737		0.708	
	22	社会福利好	0.642		0.798	
	23	很容易找到令人满意且负担得起的住房(以下简称住房)	0.582		0.543	
	24	医疗卫生服务好	0.772		0.741	

如表 3-2 所示，各题项的总相关系数均大于 0.55，而 Cronbach's α 均大于 0.9。过往研究认为，Cronbach's α 大于 0.7，可认为条目之间的一致性较

好。由此可见,本问卷各题项具有较高的一致性水平,相对应测量的概念具有较高的可靠性。

(二)情感形象测量

城市情感形象感知是个体基于理性认知形成的感性评价,即对目的地城市的情感态度。对情感与情绪的重新思考主要得益于认知心理学、神经科学、进化人类学及其他行为学科的突破性进展,以至于一些学者将其称为"情感转向"(affective turn),以示社会科学正在发生的生物—科学化趋向。对于城市研究领域而言,"是否需要关注人—地关系中的情感成分"已经不再构成疑问,"该如何去衡量个体对区域的情绪反馈"是一个很重要的问题。

从方法选择来看,目前测量情感的方法有三种。第一种方法是自我报告法。这是在环境心理学和消费研究中最为常见的方式,自我报告法的经济成本和设备门槛都较低,被学者们广泛采纳,但它有忽略情感整体性、易引发离散情绪反应的潜在弊端。第二种方法是自主神经系统测量法(autonomic measures),常用于记录受访者的皮肤电传导和心律情况,以推测情绪反应。第三种方法是在生理心理学中常见的情感测量方法——脑成像法。

后两种方法在品牌和消费研究中尚未成为主流,因此,本研究借鉴梅赫拉宾与拉塞尔(Mehrabien & Russell)的 PAD 模型(Pleasure-Arousal-Dominance Model)、理查斯(Richins)的消费者情绪集量表,结合国内外学界在应用这两个模型时的调整状况,最终选择了 13 个离散情绪类型,测量不同群体对长春的情感形象感知情况。从易于操作、易于理解的角度考虑,本研究将这 13 个离散情绪类型归纳为"活力"与"愉悦"两个维度,采用语义差异法五级李克特量表进行测量,以一级指标"愉悦"为例,依据愉悦程度的不同,可以延展出"兴奋""希望""满足"等不同的情绪层级,如表 3-3 所示。

关于情感形象测量问卷在不同群体中的信度与效度,笔者依然采用各题项 CITC(>0.6),以及 Cronbach's α(>0.9)来测量,结果符合统计要求,问卷各题项具有较高的一致性水平。

表 3-3 长春情感形象测量问卷设计与信度(内部一致性)

测量概念	编号	题项(简)	内群(长春)		外群(哈尔滨、北京、上海)	
			CITC	Cronbach's α	CITC	Cronbach's α
Q2：情感形象测量	1	孤独—热情	0.799	0.966	0.722	0.941
	2	冷漠—亲切	0.772		0.670	
	3	不满—满足	0.862		0.720	
	4	沉睡—兴奋	0.873		0.750	
	5	失望—希望	0.849		0.749	
	6	沮丧—高兴	0.871		0.738	
	7	暗淡—漂亮	0.879		0.779	
	8	消极—乐观	0.608		0.630	
	9	难看—美丽	0.694		0.659	
	10	冷静—吃惊	0.842		0.741	
	11	安全—刺激	0.858		0.726	
	12	舒适—不安	0.857		0.719	
	13	平稳—动荡	0.823		0.737	

二、群体细分方法与数据检验方式

根据如前所述的研究问题设置,本章涉及四对差异群体的选取,其中"内群—外群""不同社会距离和不同空间距离外群"的形象数据,笔者采用问卷调查法收集。下面对这一部分的群体筛选情况、样本概况加以说明。

(一)内群与外群

针对 RQ1(含 RQ1-1、RQ1-2),本研究将长春本地居民和外群做二分处理,形成内群与外群的两套数据集,其中本地样本 N1=360,外群 N2=657,具体样本的人口统计学特征可见表 2-3。在比较内群和外群对于长春形象感知情况时,即回答内群与外群在长春形象感知上是否存在显著差异这一问题,主要采用独立样本 t 检验考察两个群体在所有测项上是否存在统计学意义上的显著差异。首先,通过莱文方差等同性检验来测定方差齐性情况,若 F 统计量的显著性 sig＞0.05,证明方差齐性,参照假定方差相等的 t 检验结果;若 F 统计量的显著性 sig＜0.05,方差齐性检验未通过,参照假定方差不齐的 t 检验结果。如果最终 t 检验的双尾显著性 sig＞0.05,则两个群体间的形象因子感知评价不存在统计学意义上的显著差异,反之则表示自变量间存在显著差异。

(二)"远—中—近"空间距离群体

针对 RQ2(含 RQ2-1、RQ2-2、RQ2-3),本研究选择了上海、北京、哈尔滨三个样本城市,它们与长春的地理空间距离呈现出由远及近的梯队排列,最终构建三套数据集。其中,近距离城市(哈尔滨)样本量 N3＝223,中距离城市(北京)样本量 N4＝224,远距离城市(上海)样本量 N5＝210,具体样本的人口统计学特征可见表 2-3。

由于自变量(空间距离)为两个以上的分类变量,因变量(城市形象感知)为数值型变量,在回答三个城市群体对长春的城市形象感知是否存在显著差异这一组问题时,主要采用单因素方差分析的差异检验方法。具体操作路径为:第一,对城市形象感知测项做 Levene 方差齐性检验,若莱文统计量显著($p>0.05$),证明方差齐性,可根据 ANOVA 检验结果,汇报 F 检验统计值的显著度;若莱文统计量不显著($p<0.05$),方差齐性未通过,则以韦尔奇检验结果来汇报 F 检验结果。第二,筛选出 F 检验结果差异显著($p<0.05$)的测项,采用邦弗伦尼(方差齐)和塔姆黑尼(方差不齐)检验来进行三组数据的多重比较分析,以求进一步分析显著差异来自两两配对的哪些组别,其差异程度如何。

(三)"远—中—近"社会距离群体

针对 RQ3(含 RQ3-1、RQ3-2、RQ3-3),需要将外部样本依据社会距离的远近程度划分为三个群体。对社会距离的测量,量表引用来源为:鲍格达斯社会距离量表与利伯曼社会距离量表。笔者对本研究的研究问题进行调整后,形成了一个五测项量表,均采用语义分析法五级李克特量表进行测量。量表信度检验结果如表 3-4 所示,基于标准化项的 Cronbach's α 为 0.837,根据过往研究的标准,可认为条目之间的一致性较好,据此进行社会距离的分段操作,具有较高的可靠性。

表 3-4 社会距离测量可靠性统计

Cronbach's α	基于标准化项的 Cronbach's α	项数
0.824	0.837	5

分段操作如下:首先将社会距离的 5 个测项取平均数,生成虚拟变量社会距离(计值范围 1—5),基于新生成的虚拟变量进行可视分箱操作,生成分割点数(N=2)和宽度(33.3%),最终生成 3 个区间,将新变量命名为社会距离分段,标签值分别为远社会距离群体(取值≤3.4)、中社会距离群体(3.4<取值≤4.2)和近社会距离群体(取值>4.2),其最终样本量分别为:$N_{远}$=233(35.5%);$N_{中}$=240(36.5%);$N_{近}$=184(28.0%)

经过群体细分与数据处理,其最终差异检验结果整理为表 3-5,可据此表进行进一步的群体形象城市感知差异研究。

表 3-5 长春城市形象群体感知差异检验总表

测量概念	编号	题项（简）	内群—外群眼中的长春					不同空间距离城市群体眼中的长春				"远—中—近"社会距离群体眼中的长春			
			莱文齐性检验		t检验			莱文齐性检验		F检验		莱文齐性检验		F检验	
			F	Sig.	Sig.双尾	平均值差值（外一内）		莱文统计	Sig.	F	Sig.	莱文统计	Sig.	F	Sig.
部分A：认知形象测量	1	求学的好地方	11.562***		0.956	0.004		4.805**		8.503***		10.902***		42.063***	
	2	适合投资	8.460**			0.337***		6.883***		9.089***		0.162	0.850	53.361***	
	3	适合就业	3.479	0.062		0.388***		12.063***		10.496***		0.104	0.902	64.483***	
	4	经济发达	1.128	0.288		0.617***		0.595	0.552	6.538**		3.562*		48.678***	
	5	本土品牌实力强	7.237***			0.734***		4.112**		3.456*		3.067*		55.276***	
	6	产品优质	25.378***			0.636***		3.016*		2.745	0.065	10.970***		53.185***	
	7	积极贡献	62.486***			0.642***		7.292***		0.485	0.616	21.276***		43.083***	
	8	经济环境稳定	18.260***			0.932***		6.201***		9.420***		15.788***		73.553***	
	9	科技创新	16.365***		0.954	−0.004		3.285*		7.270***	0.077	1.516	0.220	68.987***	
	10	本地文化魅力	8.204**		0.473	−0.051		7.542***		2.582		16.060***		55.025***	
	11	历史悠久	66.342***			0.577***		2.024	0.133	0.940	0.391	16.640***		36.195***	
	12	文化影响显著度	17.716***			0.213*			3.290*	1.271	0.282	5.001**		51.170***	
	13	长春人勤劳	16.502***			0.458***		7.320***		6.447**		18.989***		61.989***	
	14	长春人正直可信	76.750***			0.790***		0.171	0.843	4.438*		19.340***		65.825***	
	15	长春人热情友好	15.775***		0.389	0.055		2.642	0.072	0.765	0.466	9.763***		39.594***	
	16	教育水平高	26.383***		0.439***			8.775***		6.235**		7.348***		54.033***	
	17	政府治理主动性	33.207***		0.254**			5.230**		0.692	0.501		8.703***	43.992***	
	18	政府治理有效性	16.713***			0.346***		2.784	0.062	1.081	0.340	1.536	0.216	68.652***	
	19	干净	36.555		0.198	0.090		5.431*		2.119	0.121	16.760***		42.402***	
	20	安全	7.038**		0.757	0.021		2.693	0.068	6.798**		28.575***		66.817***	
	21	交通便利	46.181***			0.253***		2.055	0.129	5.700**		13.641***		63.072***	
	22	社会福利好	47.431***			0.484***		3.410*		2.513	0.082	0.828	0.438	82.703***	
	23	住房	74.798***			0.212**		2.586	0.076	0.144	0.866	8.056***		27.317***	
	24	医疗卫生服务好	71.196***			0.331***		4.835**		0.112	18.552***		43.283***		

续表

测量概念	编号	题项(简)	内群—外群眼中的长春				不同空间距离城市群眼中的长春				"远—中—近"社会距离群体眼中的长春			
			莱文齐性检验		t检验		莱文齐性检验		F检验		莱文齐性检验		F检验	
			F	Sig.	Sig.双尾	平均值差值(外-内)	莱文统计	Sig.	F	Sig.	莱文统计	Sig.	F	Sig.
部分B: 情感形象测量	25	孤独—热情	72.015***			0.277***	1.163	0.313	1.266	0.283	18.758***		58.777***	
	26	冷漠—亲切	31.187***			0.160*	0.561	0.571	1.723	0.179	24.856***		57.044***	
	27	不满—满足	68.387***			0.178**	4.201*	0.080	0.482	0.618	35.354***		54.187***	
	28	沉睡—兴奋	27.589***			0.164**	2.536	0.101	0.539	0.583	1.467	0.231	64.507***	
	29	失望—希望	45.542***			0.375***	7.332**		2.524	0.081	14.018***		68.585***	
	30	沮丧—高兴	75.741***			0.295***	2.305		0.033	0.967	22.254***		71.978***	
	31	暗淡—漂亮	78.288***			0.566***	6.584***		1.201	0.302	27.127***		82.698***	
	32	消极—乐观	61.356***			0.369***	5.259**		1.328	0.266	20.561***		63.316***	
	33	难看—美丽	59.911***			0.437***	1.275	0.280	1.262	0.284	17.872***		80.764***	
	34	冷静—吃惊	4.490*			0.376***	0.561	0.571	0.008	0.992	3.761*		28.029***	
	35	安全—刺激	0.412	0.521		0.456***	1.898	0.151	0.283	0.753	0.970	0.379	34.021***	
	36	舒适—不安	73.241***			0.258***	6.332**		0.408	0.665	26.278***		74.316***	
	37	平稳—动荡	36.755***		0.127	0.105	1.493	0.226	0.815	0.443	18.244***		42.817***	

注:* 表示 p<0.05,** 表示 p<0.01,*** 表示 p<0.00

第四节　城市形象感知的群体差异：内群与外群

从表 3-5 可见，在长春认知形象测量的 24 个因子中，内群与外群对长春的基础面貌评价（干净、安全）、求学吸引力、科技创新程度、文化魅力以及长春人是否热情友好这 6 个测项，并不存在显著差异。总体而言，内群与外群对长春的认知评价是具有显著差异的。在长春情感形象测量的 26 个因子中，内群与外群除了对长春"平稳—动荡"不存在差异以外，其他 12 对离散情绪类型，都存在着显著差异。综合以上基本情况，我们可以说，本地居民与外部人群在长春形象感知上确实呈现出"以差异为主"的状况，这也回答了 RQ1 的问题，即 RQ1 的答案是肯定的。因为内群、外群的城市形象感知差异得到了证实，所以我们有必要对两个人群的长春形象总体轮廓、形象构成维度乃至各因子的构成方式做进一步深入分析。

一、长春形象的"内外"总体轮廓

内群与外群对长春的形象感知存在较大差异，总体而言，外群心中的长春形象要比内群心中的长春形象更好。以五级李克特量表计分，内群眼中的长春，认知形象的得分均值为 3.50、情感形象的得分均值为 3.54；外群眼中的长春，认知形象的得分均值为 3.86、情感形象的得分均值为 3.85。由此可见，内群和外群各自群体内部，对长春认知和情感上的评价相对一致，没有出现内部的认知与情感的背离。但二者对比来看（图 3-1），内群的形象曲线形态相对陡峭，而外群曲线更加平缓。这意味着内群对长春各维度的形象评价更具差异性，极值差较大；而外群的城市形象感知反而比较平均，波动不大。

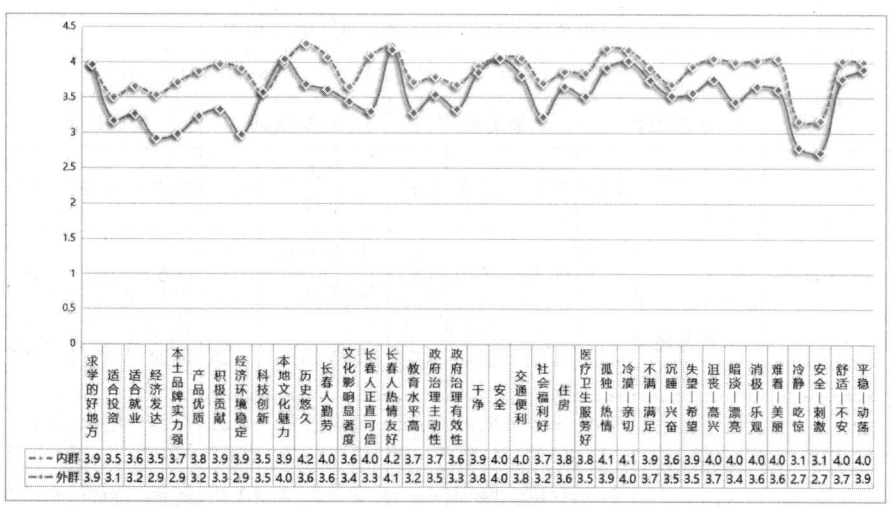

图 3-1　内群—外群长春城市形象感知总体轮廓

内外群对长春印象的极值分别是如何分布的？我们可以从表 3-6 中勾勒出更具体的轮廓。显而易见，本地居民具有相当的人文自豪感，他们认为，长春是一个富有文化魅力（M=4.04）、本地人热情友好（M=4.18）的城市，同时长春能给予居民很强的安全感（M=4.06）。然而，这个城市在经济实力上相对落后（M=2.92），经济环境不够稳定（M=2.98），本地品牌实力欠佳（M=2.98）。

相比而言，外群对长春人留下了积极的印象（长春人正直可信 M=4.09；长春人热情友好 M=4.23）。另外，虽然在全国众多的古城中，长春在历史声誉上似乎并不突出，但外群对长春的悠久历史表示认可（M=4.26）。与内群一样，外群对长春的经济评价不高，认为它不适合投资（M=3.51）、经济欠发达（M=3.54）、科技创新程度低（M=3.57）。

在对长春进行情感感知评价时，内群与外群都认为长春热情、刺激性不足，但外群的评价计分明显高于内群，如表 3-6 所示。有趣的现象是，虽然内外群都对长春经济评价不高，但本地人的评价显然更为极端。相对内群而言，本地人对本地文化魅力颇为自信，而在外地人眼中，最认可的文化对象恰恰是"长春人"本身，这也从侧面印证了"人"作为城市形象和城市记忆的载体与主体的双重属性。

表 3-6 内群—外群城市形象感知极值分布表

		内群眼中的长春			外群眼中的长春		
		认知层面		情感层面	认知层面		情感层面
高得分项	本地文化魅力	4.04	舒适—不安	3.77	长春人正直可信	4.09	沮丧—高兴	4.06
	安全	4.06	孤独—热情	3.92	长春人热情友好	4.23	冷漠—亲切	4.18
	长春人热情友好	4.18	冷漠—亲切	4.02	历史悠久	4.26	孤独—热情	4.20
低得分项	经济发达	2.92	安全—刺激	2.72	适合投资	3.51	冷静—吃惊	3.17
	经济环境稳定	2.98	冷静—吃惊	2.79	经济发达	3.54	安全—刺激	3.18
	本土品牌实力强	2.98	暗淡—漂亮	3.44	科技创新	3.57	沉睡—兴奋	3.69

二、认知形象的维度和构成结构

为了回答 RQ1-1 与 RQ1-2 的问题,即确定内群与外群眼中的长春形象构成维度和各因子构成结构的异同,本研究首先采用了探索性因子分析的方法,对长春形象的 24 个认知测项、13 个情感测项数据进行因子提取(操作工具为 SPSS23.0),以求在不加过多干预的情况下,按照数据形态自然析出构成维度,在此基础上,再进行内外群构成维度及构成要素的进一步分析。内群—外群长春形象感知 KMO 检验情况如表 3-7 所示。

表 3-7 内群—外群长春形象感知 KMO 检验情况

主要参数		内群眼中的长春		外群眼中的长春	
		认知形象	情感形象	认知形象	情感形象
KMO 取样适切性量数		0.960	0.938	0.977	0.947
巴利特球形度检验	近似卡方	7,015.932	4,723.471	10,645.101	6,082.486
	自由度	276	66	276	78
	显著性	0.000	0.000	0.000	0.000

经过对内外群样本数据的形态检验,所有测项的偏度和峰度绝对值都小于 2(介于 0.01 到 1.48 之间),符合因子分析对于数据多元正态分布的要求。同时,内群认知形象调查问卷的 KMO 值为 0.960、内群情感形象问卷的 KMO 值为 0.938;外群认知形象调查问卷的 KMO 值为 0.977、外群情感形象问卷的 KMO 值为 0.947。以上四项数据的巴利特球形度检验的显著性 p<0.001,说明有关长春形象维度测量的数据适合做因子分析。

(一)构成维度:图式的一致性

针对内群与外群的 24 个形象认知题项,本研究选取了公因子方差大于 0.650 的内群测项,以及公因子方差大于 0.600 的外群测项,以求排除掉解释力度较低、载荷系数过低的干扰因子。其中,参与因子提取的内群问卷测项为 13 个,在特征根大于 1、迭代次数为 5 时,一共提取出 3 个因子,解释度为 73.630%;参与因子提取的外群问卷测项为 12 个,在特征根大于 1、迭代次数为 5 时,一共提取出 3 个因子,解释度为 70.892%。内群—外群长春认知形象因子提取情况如表 3-8 所示。

表 3-8 内群—外群长春认知形象因子提取情况

	内群眼中的长春形象				外群眼中的长春形象		
成分	总计	方差(%)	累计(%)	成分	总计	方差(%)	累计(%)
1	4.487	34.514	34.514	1	4.373	36.442	36.442
2	2.789	21.453	55.967	2	2.357	19.639	56.081
3	2.296	17.662	73.630	3	1.777	14.811	70.892

如表 3-9 所示,内群、外群的长春认知形象评价,最终都提取出了 3 个主成分因子,下文将对各个因子所包含的测项进行阐释。

针对内群眼中的长春认知形象,主要由"经济与社会""人与城市""文化创新"三个维度构成,其中"经济与社会"维度可以提供三分之一以上的数据解释力(34.514%),该维度主要表现了本地居民对城市经济状况和社会贡献的评价,故命名为"经济与社会";第二个维度主要表现了内群对人和城市环境的关注,故命名为"人与城市";第三个维度为"文化创新"。

针对外群眼中的长春认知形象,主要由"经济与社会""人""文化"三个维度构成,三个维度共同提供了70.892%的数据解释力。

表 3-9 内群—外群长春认知形象维度构成

成分	内群眼中的长春形象			成分	外群眼中的长春形象		
	测项	因子载荷	Cronbach's α		测项	因子载荷	Cronbach's α
经济与社会	适合投资	0.784	0.924	经济与社会	适合投资	0.769	0.917
	适合就业	0.811			经济发达	0.828	
	经济发达	0.885			本土品牌实力强	0.761	
	本土品牌实力强	0.751			经济环境稳定	0.653	
	积极贡献	0.740			科技创新	0.814	
	经济环境稳定	0.801			教育水平高	0.660	
					社会福利好	0.688	
人与城市	长春人正直可信	0.672	0.851	人	长春人勤劳	0.772	0.800
	长春人热情友好	0.813			长春人正直可信	0.815	
	干净	0.698			长春人热情友好	0.629	
	安全	0.799					
文化创新	科技创新	0.618	0.835	文化	本地文化魅力	0.576	0.708
	本地文化魅力	0.815			历史悠久	0.872	
	历史悠久	0.843					

因此,我们可以说,内外群的长春认知形象维度构成具有一致性,都是基于经济、人、文化三个主要范畴的维度框架。从每一个维度的构成要素来看,内外群呈现出不尽相同的情况。这也侧面回答了 RQ1-1 和 RQ1-2 的问题,虽然内外群眼中的长春形象在积极程度上呈现出显著差异,但他们的城市形象感知结构是一致的。换言之,无论是内群还是外群,在提及长春时,其思考方向就是经济、人、文化。如前所述,人们在解释、评价、记忆特定对象事物时,都会存在相对固定的图式系统,这种图式系统是一种相对稳定的

思维结构。在针对长春的形象研究中,这种稳定的思维结构,以不同群体的、相对一致的形象构成维度呈现在我们面前。

(二)维度分析:差值与分歧

鉴于前文已经验证了内外群在城市认知形象感知上的显著差异,通过因子提取,我们又发现两个群体在长春的认知形象维度构成方面是高度一致的。

在选入因子分析的所有测项中,仅有 5 个测量因素的平均值差值差异不显著,余下 13 个测项均存在内外群的显著差异($p<0.05$),这种差异在经济评价上表现得最为突出。在所有题项中,内外群对于"长春经济环境是否稳定"的意见分歧最大(外群对内群的差值为 0.932***)。在外群看来,长春的经济政策和营商环境相对稳定,但内群对此持保守意见。更加耐人寻味的是,针对该测项,内部样本的标准差为 1.168,外部样本的标准差为 0.942。长春作为一个中国传统工业城市,外群对它的经济评价显著高于内群对它的经济评价,并且外群内部的意见分歧并不大。相反,内群对自身城市的经济实力评价呈现出较大的意见分歧。这一现象值得从社会心理的角度做进一步的探讨。

与此类似,针对长春"本地品牌实力强"这一测项,内外群的差异显著高于其他因子(外群对内群的差值为 0.734***)。也就是说,外群愿意高度评价长春的本地品牌发展水平,并且外群内部的分歧不大(标准差为 1.072);但本地人总体评价显著低于外群,且对这个问题的意见不一致(标准差为 1.271)。"长春人是否正直可信""经济是否足够发达"等 4 个题项,也呈现出了如上所述的情况。

综上所述,内群与外群眼中的长春认知形象,其共性主要体现在维度模式构成类似,也就是共有维度上。其差异主要源自:内群评价低且内部分歧大、外群评价高且内部分歧小。

三、情感形象的维度和构成结构

如果粗略地概括,未来社会科学传播有两个发展趋势。一是空间转向趋势[①],即在虚拟信息技术前所未有地构建出拟态世界并深入生活方式和产业结构的当下,呼吁物质空间与社会空间的充分融合;二是情感转向趋势[②],与此对应的是在社会科学中一直占据主流地位的认知传统。近些年,无论是社会学、传播学、文学还是心理学,都在强调从情感研究出发,对情感和情绪的研究成为相对新颖的议题,慢慢脱离边缘化的地位。这也主要得益于技术的进步,无论是认知心理学、进化人类学还是其他行为科学,都在情绪研究上取得了突破性进展,情绪研究的技术性载体得以被不同学科以相对低门槛的准入方式获得。情感研究也得以突破单纯的心理学和神经学视角,与社会研究和文化研究结合起来,过去研究者对社会情境"熟视无睹"[③]的状态开始改变,出现了"情感社会学""情感运算"等全新研究方向。

如上文所述,本研究根据拉塞尔及其团队对环境情感评价的经典理论,设计了基于"愉悦"和"活力"两个维度的13个离散情绪测项(详见表3-3),以求观测不同群体的长春情感形象。

为了进一步深入回答RQ1-1与RQ1-2的问题,即去确定内群与外群眼中的长春形象差异性,本研究遵循认知形象研究部分的思路,结合t检验结果,先后采用探索性因子分析、要素细化分析的方式进行,结论如下。

(一)构成维度

针对内群与外群的13个离散情绪测项,要求受访者提交提及长春时的13

---

① 黄旦.城市传播:基于中国城市的历史与现实[M].上海:上海交通大学出版社,2015:27.
② EISEND M.A meta-analysis of humor in advertising[J].Journal of the academy of marketing science,2009,37(2):191-203.
③ WETHERELL M,MCCREANOR T,MCCONVILLE A,et al.Settling space and covering the nation:some conceptual considerations in analysing affect and discourse[J].Emotion,space and society,2015(16):56-64.

个离散情绪强度。根据结果,本研究分别选取了公因子方差大于 0.60 的内群和外群测项,以求排除掉解释力度较低、载荷系数过低的干扰因子。其中,内群入选因子 11 个(暗淡—漂亮、平稳—动荡两对情绪类型被排除),外群入选因子 8 个(冷漠—亲切、不满—满足、失望—希望、沮丧—高兴、平稳—动荡 5 对情绪类型被排除)。在特征根大于 1、迭代次数为 3 时,分别提取出两个因子,解释度分别为 81.152%(内群)、74.311%(外群)。内群—外群城市情感形象因子提取情况如表 3-10 所示。

表 3-10 内群—外群城市情感形象因子提取情况

内群眼中的长春形象				外群眼中的长春形象			
成分	总计	方差(%)	累计(%)	成分	总计	方差(%)	累计(%)
1	6.356	57.780	57.780	1	3.540	44.254	44.254
2	2.571	23.372	81.152	2	2.405	30.057	74.311
提取方法:主成分分析法 旋转方法:凯撒正态化最大方差法 旋转在 3 次迭代后已收敛				提取方法:主成分分析法 旋转方法:凯撒正态化最大方差法 旋转在 3 次迭代后已收敛			

如表 3-11 所示,内外群对长春的情感形象感知,都可以通过"愉悦"和"活力"两个维度达到比较充分的数据覆盖。这种划分的 Cronbach's α 数值也较为令人满意。由此,我们可以得出结论,内外群的长春情感形象维度构成具有一致性。其 t 检验结果的显著差异,主要来自评价高低的赋值,而非内外思维结构的差异。

表 3-11　内群—外群长春情感形象感知维度构成

成分	内群眼中的长春形象			成分	外群眼中的长春形象		
	测项	因子载荷	Cronbach's α		测项	因子载荷	Cronbach's α
愉悦维度	孤独—热情	0.850	0.965	愉悦维度	暗淡—漂亮	0.769	0.917
	冷漠—亲切	0.877			难看—美丽	0.828	
	不满—满足	0.870			孤独—热情	0.761	
	沉睡—兴奋	0.784			消极—乐观	0.653	
	失望—希望	0.792			舒适—不安	0.814	
	沮丧—高兴	0.837			沉睡—兴奋	0.660	
	消极—乐观	0.795		活力维度	冷静—吃惊	0.900	0.883
	难看—美丽	0.805			安全—刺激	0.900	
	舒适—不安	0.850					
活力维度	冷静—吃惊	0.931	0.915				
	安全—刺激	0.893					

（二）情感维度构成因子

内外群的情感形象虽然呈现出一致的双重维度,但其情感类型丰富程度是不同的,每种情感的评价高低也差异显著。

首先,对于内群来说,筛选解释力不足的因子后剩余 11 个因子,而外群只保留了 8 个因子。这从侧面说明,本地人对这个城市的情感是相对复杂的,且各种情绪交织在一起,共同形塑了本地人的情感形象感知。由于外地人的人地关系联结不如本地人紧密,他们针对一个城市的感受是相对容易定义的。

其次,对于共有因子的赋值分布,我们从表 3-12 可见,其差值是显著的,且外群整体评价更积极,这与认知形象的对比结果非常类似。其中,对于"长春是否漂亮""长春是否安全"这两个问题,内外群的差异最大,在五级李克特量表中,差值分别达到了 0.566*** 和 0.456***。此外,外群明显肯定长春漂亮、美丽(均值为 4.0046、4.0563),对此分歧不大(标准差均为 0.973);内群则不然,不只评价低,且内部分歧大(标准差＞1.200)。

表 3-12 内群—外群长春情感形象共有构成因子差值比较

题项(简)	内群—外群眼中的长春				
	t 检验	内群		外群	
	平均值差值 (外—内)	均值	标准差	均值	标准差
孤独—热情	0.277***	3.9222	1.151	4.1994	0.829
沉睡—兴奋	0.164**	3.5250	1.290	3.6895	1.068
暗淡—漂亮	0.566***	3.4389	1.270	4.0046	0.973
消极—乐观	0.369***	3.6583	1.212	4.0274	0.958
难看—美丽	0.437***	3.6194	1.227	4.0563	0.973
冷静—吃惊	0.376***	2.7944	1.278	3.1705	1.166
安全—刺激	0.456***	2.7222	1.291	3.1781	1.258
舒适—不安	0.258***	3.7667	1.178	4.0244	0.897

四、小结

综上所述,本章的研究问题是基于群体差异视角的城市形象感知研究,而本节主要对第一对被选定的群体,即内群与外群眼中的长春形象进行差异比较。针对 RQ1、RQ1-1 和 RQ1-2,本节的最终结论是:本地居民与外部人群在城市形象感知上呈现"有异有同"的面貌,其共同之处在于针对长春(无论是情感层面,还是认知层面)的形象感知维度是类似的,差异体现在两个方面:一是共有维度下的构成因子有所差异;二是从整体来看,本地居民对长春评价低、内部分歧大,外地人群对长春评价相对更高、内部分歧小。

第五节 外群城市形象感知差异：空间距离

本研究选择的第二组考察群体是基于空间距离"远—中—近"划分的三个城市，即上海、北京、哈尔滨，探究不同城市人群眼中的长春是否具有显著差异，其异同又是如何凸显出来的。

一、长春形象总体轮廓：差异不显著

根据表 3-5，我们可以发现一个有趣的现象：在所有题项中，仅认知形象 24 个题项中的 12 个题项（表 3-13）的差异是显著的（$p<0.05$），其他 25 个题项的赋值差异性皆没能通过检验（$p>0.05$）。

表 3-13 "远—中—近"空间距离群体长春形象感知差异显著因子表

题项(简)	"远—中—近"空间距离群体眼中的长春					
	F 检验	近（哈尔滨）		中（北京）		远（上海）	
		均值	标准差	均值	标准差	均值	标准差
求学的好地方	8.503***	3.830	0.934	3.911	1.038	4.167	0.845
适合投资	9.089***	3.417	1.023	3.371	1.153	3.748	0.942
适合就业	10.496***	3.601	1.030	3.473	1.163	3.914	0.955
经济发达	6.538**	3.525	1.073	3.371	1.029	3.733	1.038
本土品牌实力强	3.456*	3.776	1.046	3.563	1.135	3.819	1.015
经济环境稳定	9.420***	3.888	0.906	3.737	1.019	4.119	0.853
科技创新	7.270**	3.614	1.094	3.357	1.127	3.743	0.998
长春人勤劳	6.447**	3.951	0.912	4.040	1.026	4.233	0.775
长春人正直可信	4.438*	4.005	0.933	4.040	0.934	4.243	0.803
教育水平高	6.235**	3.632	0.954	3.643	1.010	3.895	0.818
安全	6.798**	4.018	0.930	3.955	1.054	4.276	0.869
交通便利	5.700*	3.924	0.958	4.045	1.001	4.224	0.808

从表 3-13 我们可以看到，在对于长春相关方面的评价上，不同空间距离

的三个群体存在显著分歧,表现为距离越近的城市,大部分因子的赋分均值递减。不同群体内部对各个测项的内部分歧是不大的(标准差在 1.0±0.1 的区间内)。也就是说,三个群体对长春的形象感知,总体而言差异不大,但在存在差异的"经济"和"长春人"两个维度上,群体内部意见一致性强,群体组间赋值存在"距离越近、赋分越低"的可能。

如何来确定这种可能性是否存在?我们可以通过表 3-14(全表详见附录 3)加以深入分析。由于大部分方差差异显著的题项中(事后多重检验的前提是方差分析呈现出显著性,如果方差分析显示 p 值大于 0.05,即说明各个组别之间没有差异性,此时也不需要进行事后检验,即使事后检验显示有差异性),哈尔滨、北京、上海三个城市群体,其形象因子的平均值得分是随着距离拉近而降低的。如果在事后比较检验结果中,将三个城市两两配对——"上海—北京""上海—哈尔滨""北京—哈尔滨",其显著性检验都能通过($p<0.05$),则意味着三个群体确实存在显著差异,再配合"均值规律递减"的结果,则可以认为:针对"经济"与"长春人"的感知维度,外群对长春的感知存在着"反距离衰减"定律的现象。

表 3-14 "远—中—近"空间距离群体的形象感知差异因子多重比较结果(示例)

因变量		(I) city	(J) city	平均值差值 (I—J)	标准误差	显著性
长春是一个求学的好地方	塔姆黑尼	上海	北京	0.256*	0.091**	0.015
			哈尔滨	0.338*	0.086***	0.000
		北京	上海	−0.256*	0.091**	0.015
			哈尔滨	0.081	0.093	0.768
		哈尔滨	上海	−0.338*	0.086***	0.000
			北京	−0.081	0.093	0.768

续表

因变量		(I) city	(J) city	平均值差值 (I—J)	标准误差	显著性
长春是一个适合投资和经商的地方	塔姆黑尼	上海	北京	0.378*	0.101***	0.001
			哈尔滨	0.331*	0.095**	0.002
		北京	上海	−0.377*	0.101***	0.001
			哈尔滨	−0.047	0.103	0.958
		哈尔滨	上海	−0.331*	0.094**	0.002
			北京	0.047	0.103***	0.958

然而,多重比较结果并没能完全呈现出这种差异,上海作为远距离组,与北京(中)、哈尔滨(近)的差异都是显著的,但北京与哈尔滨之间的差异并不显著。因此,城市形象感知的地区差异数据形态(即 ANOVA 结果所示),主要由上海与北京、哈尔滨的差异贡献。换言之,外群对长春的感知并不存在"反距离衰减"定律的现象,这回答了 RQ2-3 的问题。

二、小结

总体而言,在三个不同空间距离的城市群体中,就认知形象感知而言,仅 50%的认知形象因子(12 个)呈现出统计学意义上的显著差异,主要集中在经济评价和对长春人的评价上。在对其进行事后比较检验后,研究者发现,这种显著差异主要由远距离城市(上海)群体贡献,中距离城市与近距离城市群体的组间差异不显著。这提示了城市形象管理者,依据空间距离划分城市传播受众这种方式并不符合现实情况。在营销学领域,地理细分是最为常见的市场细分方式,在将品牌营销理论应用到城市营销的过程中,人们要对理论的适用性保持谨慎和警醒。就情感形象而言,三个城市的 F 检验结果在 13 个离散情绪测项上,皆为不显著,三组无差异。这说明不同空间距离的外部人群对长春的情感评价不存在差异性。在全球化时代,虽然地缘区分依然根植于社会生活的方方面面,但"地球村"之内,空间距离确实不再是构成疏远的主要原因,这在某种意义上已成为一种全球性共识。

在各个测项基本不存在显著组间差异的情况下,这意味着"空间距离群体划分方法"在长春案例上存在欠缺,因此,不具备比较形象共有维度乃至维度构成因子差异的基础。针对RQ2、RQ2-1和RQ2-2,本研究的答案是否定的。

值得我们进一步去思考的是,上海与北京、哈尔滨的显著差异因何而来。相当比例的旅游目的地形象研究、城市形象研究乃至国家形象研究,都存在着强烈的地缘视角,很多跨文化群体的研究都证实了形象的地域群体间差异,但通过本节的探讨,我们有理由相信,针对一个城市形象的地域人群感知差异,皆因在全球范围来看,文化差异经常与地缘差异相融合。也就是说,文化区域与地理区域有很大的交叉性,国家往往是决定人们在价值维度具有功能性表现差异的根本原因,因此,霍夫施泰德选择以国家为框架来衡量文化差异。看似针对不同国家、地域的形象差异被屡屡证实,但其背后起作用的其实是文化因素。当我们将视角收窄,不再关注差异巨大的不同国家,而是下沉到一个国家内部,单纯的地理划分标准就不再适宜。结合霍夫施泰德的文化维度划分理论以及本节的内容,研究者在针对一国内部的城市形象进行研究时,应该给予文化差异足够的重视。除此之外,我们需要挖掘更具有解释力的差异指标,比如对心理因素、情境因素的再挖掘。

第六节 外群城市形象感知差异:社会距离

本节内容是对上一节研究结论的延伸与回应。上一节中,按照空间距离远近划分的三个城市人群眼中的长春形象差异并不显著,这提示我们空间距离与城市形象的关系并不密切,最起码在一国内部二者关系不如跨文化传播语境下二者关系那样紧密。由此,我们更加明确了心理因素作为形象差异研究变量的合理性。本节针对社会距离这一文化要素,将外群样本拆分为"远—

中—近社会距离"三个群组,来验证这种划分标准是否适合城市形象研究。

根据表3-5中"'远—中—近'社会距离群体眼中的长春"一栏,我们可以清晰看到,在形象结构化测量的所有题项中,无论是认知形象,还是情感形象,依据社会距离划分而成的"远—中—近"三组(样本构成如表3-15所示),全部通过显著性检验。这提示我们组间差异存在,也回答了RQ3的问题,即三个群体眼中的长春存在相当程度的差异。因此,可以对三个群体的长春形象总体轮廓、构成维度及其因子结构展开进一步分析。

表3-15 "远—中—近"社会距离群体样本基本构成

		近社会距离		中社会距离		远社会距离		合计
		N	比例	N	比例	N	比例	
性别	男	125	19.0%	121	18.4%	103	15.7%	53.1%
	女	59	9.0%	119	18.2%	130	19.8%	46.9%
	合计	184	28.0%	240	36.5%	233	35.5%	100%
年龄	18—24岁	52	7.9%	58	8.8%	77	11.8%	28.5%
	25—30岁	37	5.6%	72	11.0%	75	11.4%	28.0%
	31—40岁	29	4.4%	42	6.4%	32	4.9%	15.7%
	41—50岁	36	5.5%	45	6.8%	34	5.2%	17.5%
	51—60岁	23	3.5%	17	2.6%	8	1.2%	7.3%
	61岁以上	7	1.1%	6	0.9%	7	1.1%	3.0%
学历	小学毕业或以下	14	2.1%	12	1.8%	21	3.2%	7.2%
	初中、高中毕业	54	8.2%	40	6.1%	74	11.3%	25.6%
	职高	22	3.3%	35	5.3%	68	10.4%	19.0%
	大专毕业	39	5.9%	43	6.5%	18	2.7%	15.2%
	大学本科	40	6.1%	66	10.0%	30	4.6%	20.7%
	硕士及以上	15	2.3%	44	6.7%	22	3.3%	12.3%
城市	哈尔滨	53	8.1%	77	11.7%	93	14.2%	33.9%
	北京	51	7.8%	76	11.6%	97	14.8%	34.1%
	上海	80	12.2%	87	13.2%	43	6.5%	32.0%

一、长春形象总体轮廓

从图3-2可以很清晰地发现,"远—中—近"三个社会距离群体对长春的印象,无论是情感层面,还是认知层面,其轮廓是几乎同步波动的三条折线,位于最顶层、赋值最高的折线,是近社会距离形象折线,之后是中社会距离形象折线、远社会距离形象折线。由此可见,随着社会距离的接近,三个群体存在着评价越来越高的趋势。

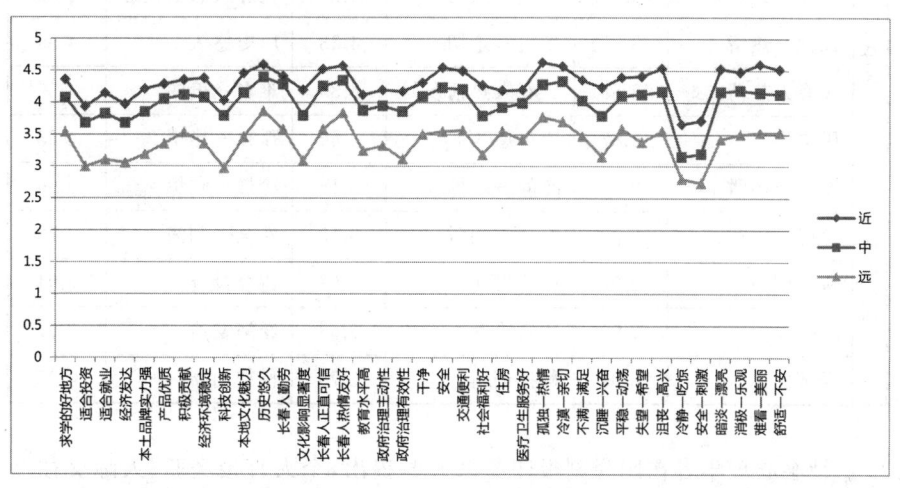

图3-2 "远—中—近"社会距离群体长春城市形象感知总体轮廓

三个群体对长春形象感知的极值分布也印证了距离衰减定律。从表3-16可见,"远—中—近"三个群体针对题项"长春人热情友好"的赋值均值分别为3.83、4.35、4.58,针对题项"孤独—热情"的情感评价值均值分别为3.77、4.28、4.63。由这两项数据可见,三个群体都对长春的"热情"属性给予高度评价,认为长春人是热情的,也认可"热情"作为长春的城市性格特征。这昭示了"热情"作为一种类似于刻板印象符号的存在,高度简化、概括化、框架化了外群对长春的认知。

同时,在三个群体的低得分项分布中可见,三个群体都认为长春经济欠发达[对应题项"经济发达"(3.05、3.68、3.97),"适合投资"(2.99、3.68、3.94)]和城市氛围缺乏活力[对应题项"安全—刺激"(2.74、3.19、3.72)]。可见,无论心理距离远或近,不同人群都对长春的经济形象评价欠佳,这既与本地现实相关,又离不开大众媒介的影响。

表 3-16 "远—中—近"社会距离群体长春形象感知极值分布表

	远社会距离群体		中社会距离群体		近社会距离群体	
高得分项	平稳—动荡	3.59	长春人勤劳	4.28	冷漠—亲切	4.57
	冷漠—亲切	3.70	孤独—热情	4.28	长春人热情友好	4.58
	孤独—热情	3.77	冷漠—亲切	4.33	历史悠久	4.59
	长春人热情友好	3.83	长春人热情友好	4.35	难看—美丽	4.60
	历史悠久	3.87	历史悠久	4.40	孤独—热情	4.63
低得分项	安全—刺激	2.74	冷静—吃惊	3.15	冷静—吃惊	3.66
	冷静—吃惊	2.80	安全—刺激	3.19	安全—刺激	3.72
	科技创新	2.97	经济发达	3.68	适合投资	3.94
	适合投资	2.99	适合投资	3.68	经济发达	3.97
	经济发达	3.05	科技创新	3.79	科技创新	4.03

社会心理学者在阐释刻板印象来源时提出,个人直接经验、人际交往互动与大众媒体传播三者的交互作用[①]导致了简化形象图式的建立。曾有部分学者提出,随着自媒体的发展,东北地区的形象更多地与当地民众的性格、戏谑搞笑的生活状态联系在一起,多年来传统媒体所营造的经济形象、共和国长子形象乃至近些年被媒体频繁提及的消极经济形象,都被受众选择性忽略。[②] 在本研究中,我们发现,新媒介语境营造的如上形象,并非如部分研究者所言"被选择性忽略",这些符号依然深深根植在外群的心理图式之中,真实的想法被娱乐至上的新媒体信息隐藏、消解,媒介呈现情况并不

---

① 王沛.刻板印象的社会认知研究述论[J].心理科学,1999,22(4):342-345.
② 于凤静,王文权.自媒体语境中的东北形象及其塑造机制[J].现代传播(中国传媒大学学报),2018(6):20-23,64.

等同于城市形象感知情况,二者之间的关系需要大量实证研究去验证。到底媒介发挥了什么样的效果、如何作用到最终的城市形象感知层面,这其实涉及了本研究后面所提及的城市形象形塑机理研究。

二、长春形象感知差异:认知形象

为了回答 RQ3-1 与 RQ3-2 的问题,即确定三个社会距离群体眼中的长春形象构成维度和各因子构成结构的异同,本部分的操作思路与内群—外群城市形象感知研究的思路类似,主要采用探索性因子分析的方法,按照形象调查的数据形态自然析出构成维度,并在此基础上进行进一步分析。

"远—中—近"社会距离群体长春形象感知 KMO 检验结果如表 3-17 所示。

表 3-17 "远—中—近"社会距离群体长春形象感知 KMO 检验结果

主要参数		远社会距离群体		中社会距离群体		近社会距离群体	
		认知形象	情感形象	认知形象	情感形象	认知形象	情感形象
KMO 取样适切性量数		0.939	0.934	0.897	0.797	0.943	0.785
巴利特球形度检验	近似卡方	2204.005	2049.113	1314.925	709.136	1949.238	738.939
	自由度	91	66	153	45	105	28
	显著性	0.000	0.000	0.000	0.000	0.000	0.000

经过对三个群体样本数据的形态检验,几乎所有测项的偏度和峰度绝对值都小于 2,符合因子分析对于数据多元正态分布的要求。一般情况下的效度评定标准为:KMO 值大于 0.9,表示非常适合做因子分析;KMO 值在 0.8—0.9 之间,很适合做因子分析;KMO 值在 0.7—0.8 之间,适合做因子分析。由表 3-17 可见,"远—中—近"社会距离群体,其认知形象和情感形象部分的问卷 KMO 值都大于 0.7,且 6 项巴利特球形度检验显著性 $p<0.001$。这说明该群体划分标准下,有关长春形象维度测量的数据适合做因子分析。

针对"远—中—近"三个群体的 24 个形象认知题项,本研究分别选取了公因子方差大于 0.550 的远社会距离群体和中社会距离群体测项,以及公因子方差大于0.600的近距离群体测项,以求排除掉解释力度较低、载荷系数过低的干扰因子。其中,参与因子提取的远社会距离群体认知形象测项为13个,在特征根大于1、迭代次数为3时,一共提取出2个因子,解释度为66.356%;参与因子提取的中社会距离认知形象测项为20个,在特征根大于1、迭代次数为5时,一共提取出6个因子,解释度为60.566%;对于近社会距离群体而言,其参与长春认知形象因子分析的测项为15个,共析出3个因子,累计覆盖69.356%的数据。

"远—中—近"社会距离群体眼中的长春形象(认知)因子提取情况如表3-18所示。

表3-18 "远—中—近"社会距离群体眼中的长春形象(认知)因子提取

远社会距离群体				中社会距离群体				近社会距离群体			
成分	总计	方差(%)	累计(%)	成分	总计	方差(%)	累计(%)	成分	总计	方差(%)	累计(%)
1	4.814	34.386	34.386	1	3.624	17.258	17.258	1	4.960	33.067	33.067
2	4.476	31.970	66.356	2	2.185	10.404	27.663	2	2.829	18.862	51.929
				3	2.072	9.864	37.527	3	2.614	17.426	69.356
				4	1.900	9.045	46.572				
				5	1.687	8.033	54.606				
				6	1.252	5.961	60.566				

如表3-19所示,远社会距离群体的长春认知形象由两个维度构成,分别命名为经济形象和软性形象。远社会距离群体对长春的认知因子很难相互割离,唯有与经济实力相关的测项能够独立析出,这也从侧面说明,低情感联结的人地关系会导致形象认知不足。

对于中社会距离群体而言,笔者最终析出了经济与生活、治理、基础、人、产业和其他6个因子,看似维度大大丰富,但其实6个维度的累计贡献率为60.566%。这个结果对于因子分析来说并不理想,因子分析的本质是把不同变量按照相关性的高低进行分类,相关程度高的变量析出为一个因子,相关低的变量则分属另一个因子。那么,中社会距离群体的长春认知形象分

表 3-19 "远—中—近"社会距离群体眼中的长春(认知形象)维度构成

成分	远社会距离群体			成分	中社会距离群体			成分	近社会距离群体		
	测项	因子载荷	Cronbach's α		测项	因子载荷	Cronbach's α		测项	因子载荷	Cronbach's α
经济形象	适合投资	0.798	0.904	经济与生活	适合投资	0.761	0.873	经济与社会生活	适合投资	0.756	0.867
	适合就业	0.827			适合就业	0.755			适合就业	0.654	
	经济发达	0.768			经济发达	0.827			经济发达	0.765	
	产品优质	0.773			科技创新	0.781			本地品牌实力强	0.613	
	经济环境稳定	0.694			社会福利好	0.709			科技创新	0.791	
	科技创新	0.735			教育水平高	0.647			文化影响显著度	0.654	
软性形象	积极贡献	0.703	0.853	治理	文化影响显著度	0.425	0.925		社会福利好	0.724	
	长春人勤劳	0.681			政府治理主动性	0.520			医疗卫生服务好	0.549	
	长春人正直可信	0.746			政府治理有效性	0.545			政府治理有效性	0.528	
	政府治理主动性	0.645			医疗卫生服务好	0.740			产品优质	0.698	0.871
	安全	0.688		基础	历史悠久	0.757	0.867	文化	本地文化魅力	0.644	
	交通便利	0.796			交通便利	0.622			历史悠久	0.795	
	医疗卫生服务好	0.797			干净	0.626			经济环境稳定	0.714	0.892
				人	长春人正直可信	0.566	0.851	人	长春人勤劳	0.804	
					长春人热情友好	0.798			长春人正直可信	0.794	
					长春人勤劳	0.655					
				产业	产品优质	0.571	0.893				
					经济环境稳定	0.732					
				其他	本地文化魅力	−0.453	0.852				
					住房	0.771					

布就意味着,相关性强的测项分布过于分散,由此才出现20个测项、6个维度,其累计贡献率却不够高的情况。出现这种情况,研究者一般会首先反思是否数据质量本身出现问题。对于哈尔滨、北京、上海三个城市的样本,前文曾按照空间距离远近进行群体拆分,本节又按照社会距离远近进行拆分。其他群体的数据分布,都相对理想,仅有中社会距离群体单一数据集出现不够理想的因子分析结果,可以考虑归因为群体属性本身的特质。在人地关系既非疏远、也非亲近的前提下,是否存在城市形象感知心理图式相对混乱甚至混淆的可能?这一现象和假设,值得我们未来从文化心理的角度做进一步的验证和探讨。

针对近社会距离群体而言,他们眼中的长春认知形象,主要由"经济与社会生活""文化""人"三个维度构成,其中"经济与社会生活"维度可以提供接近三分之一比例的数据解释力(33.067%)。对于人地关系比较亲近的群体而言,对于长春经济属性的评价是与医疗卫生、产品实力和社会福利等民生层面的评价密切相关的,这是具有群体个性特质的数据表现状态,值得研究者对成因做进一步的探讨。

经过如上探讨,我们可以确定:不同距离的三个群体是存在显著分歧的,距离越近的城市,所有因子的赋分均值递增。配合事后多重比较检验的结果(详见附录3),除了对于"长春人勤劳"这个测项,中社会距离群体和近社会距离群体的差异不显著($p=0.231>0.05$)以外,其他所有测项,三组相互之间都存在显著差异。因此,综合来看,"远—中—近"三个社会距离群体的长春认知形象分布,呈现出如下特点:构成维度各异,维度构成因子的丰富度各异;24个变量测项的赋值评价各异,呈现距离衰减定律,即社会距离越近,形象评价越高;社会距离越远,形象评价越低。因此,针对RQ3-1的回答是肯定的,三个群体在城市认知形象构成维度及其因子构成上存在显著差异。

三、长春形象感知差异:情感形象

对于按社会距离划分群体的长春情感感知图式,如前所述,本研究依然遵循拉塞尔及其团队关于环境情感评价的经典成果,基于"愉悦"和"活力"两个维度的13个离散情绪测项,对三个群体的长春情感形象感知分别进行考察和分析。

根据表3-5的结果,我们已经确定,三个群体的离散情绪测项分值均通过差异检验。接下来,研究者将结合探索性因子分析、要素细化分析的结果,对三个群体的情感感知差异做进一步分析。

如表3-20所示,在本部分,我们发现,只有针对远社会距离群体,在去掉了公因子方差小于0.600的情绪类型(平稳—动荡)后,剩余12个离散情绪测项,在特征根大于1、迭代次数为3时,分布在了"愉悦"和"活力"两个因子维度之内,累计贡献率为70.517%。

表3-20 "远—中—近"社会距离群体眼中的长春(情感形象)因子提取

远社会距离群体				中社会距离群体				近社会距离群体			
成分	总计	方差(%)	累计(%)	成分	总计	方差(%)	累计(%)	成分	总计	方差(%)	累计(%)
1	5.712	47.602	47.602	1	2.253	22.533	22.533	1	2.474	30.921	30.921
2	2.750	22.915	70.517	2	2.073	20.727	43.260	2	2.214	27.670	58.592
				3	1.851	18.509	61.768	3	1.594	19.919	78.511
提取方法:主成分分析法 旋转方法:凯撒正态化最大方差法 旋转在5次迭代后已收敛				提取方法:主成分分析法 旋转方法:凯撒正态化最大方差法 旋转在5次迭代后已收敛				提取方法:主成分分析法 旋转方法:凯撒正态化最大方差法 旋转在3次迭代后已收敛			

"远—中—近"社会距离群体眼中的长春(情感)维度构成情况如表3-21所示。

对于近社会距离群体和中社会距离群体两个群体而言,都形成了三个情感维度。其中,近社会距离群体,在去除掉公因子方差小于0.600的情绪类型后,只保留了8个情感变量,但"亲切"和"满足"两个因子,自然形成了独立因子,与关乎愉悦的其他情绪类型分离开来,本研究将之命名为"亲近"维度。中社会距离群体与此类似,其情绪分布也独立出了"亲近"维度,这说明

表 3-21 "远—中—近"社会距离群体眼中的长春(情感)维度构成

近社会距离群体				中社会距离群体				远社会距离群体			
成分	测项	因子载荷	Cronbach's α	成分	测项	因子载荷	Cronbach's α	成分	测项	因子载荷	Cronbach's α
亲近	冷漠—亲切	0.886	0.700	亲近	孤独—热情	0.595	0.678	愉悦	孤独—热情	0.814	0.906
亲近	不满—满足	0.785	0.700	亲近	冷漠—亲切	0.798	0.678	愉悦	冷漠—亲切	0.814	0.906
活力	沉睡—兴奋	0.774	0.761	亲近	不满—满足	0.666	0.678	愉悦	不满—满足	0.690	0.906
活力	冷静—吃惊	0.913	0.761	愉悦	平稳—动荡	0.759	0.719	愉悦	失望—希望	0.726	0.906
活力	安全—刺激	0.892	0.761	愉悦	沮丧—高兴	0.706	0.719	愉悦	沮丧—高兴	0.747	0.906
愉悦	暗淡—漂亮	0.840	0.812	愉悦	暗淡—漂亮	0.625	0.719	愉悦	暗淡—漂亮	0.749	0.906
愉悦	消极—乐观	0.792	0.812	愉悦	难看—美丽	0.701	0.719	愉悦	消极—乐观	0.788	0.906
愉悦	难看—美丽	0.819	0.812	活力	沉睡—兴奋	0.582	0.797	愉悦	难看—美丽	0.813	0.906
				活力	冷静—吃惊	0.883	0.797	活力	舒适—不安	0.821	0.867
				活力	安全—刺激	0.894	0.797	活力	沉睡—兴奋	0.636	0.867
								活力	冷静—吃惊	0.892	0.867
								活力	安全—刺激	0.888	0.867

传统的拉塞尔环境情感评价方法,其实在引用到城市、用来阐释人地情感关系时,有过于机械化、简单化的弊病。由于本研究在设计题项时,是根据拉塞尔的环境情感测评指标而选择测项,研究者并不能够保证其他复杂情绪类型的遗漏。

综上所述,在长春的情感评价问题上,不同社会距离群体依然呈现出了差异性,差异主要体现在以下两个方面。一方面,针对13个情绪类型赋值,三个群体呈现出"高低并行"的折线数据状态,三个群体都认为,长春是稍显沉闷、缺乏刺激的,但又在内部相对认可长春的热情、亲近、舒适等属性。三个群体的显著差异主要体现为距离衰减定律,即自我感觉与长春越亲近(社会距离越近),对各项的评价就越高,这一点与认知评价相一致。其次,三组的情感形象构成维度有所不同。对于远社会距离群体而言,依然划分为"愉悦"和"活力"两个维度的情感倾向;但对于中社会距离群体和近社会距离群体而言,与"亲近"相关的情感测项(如亲切、满足、热情)被从"愉悦"维度中剥离开来,构成独立的情感维度。

四、小结

基于以上分析,本部分内容回答了 RQ3(含 RQ3-1、RQ3-2、RQ3-3),答案是肯定的:基于社会距离远近的划分标准,三个群体对长春认知形象和情感形象的感知都存在显著差异,其构成维度以及构成因子都以差异性为主、以一致性为辅;城市形象感知评价呈现出"社会距离越近,评价越高"的态势。

第七节　内群城市形象感知差异:利益相关者类型

在本章的第四节、第五节和第六节中,本研究依次探讨了内外群以及不同社会距离群体对长春形象感知的差异性。研究结果表明,空间距离作为城市品牌传播受众的细分方式，其适用性需要谨慎评估。本研究以长春为研究对象，发现地理距离与城市形象感知的积极与否之间并无显著关联。无论是基于空间距离还是基于社会距离的群体划分，均基于外群。如何针对内群进行更深入的探讨，是本节试图解答的问题。近年来，学界开始关注对城市居民、投资者以及其他利益相关者群体的城市需求、期望和感知的深入研究，但相关成果仍较为有限。因此，本节在对内部利益相关者群体进行下沉式研究时，选择了源地品牌群体、学生教育群体和城市形象管理机构群体作为研究对象。

如何对这三个次级群体的城市形象感知进行研究？参照第四节、第五节和第六节的研究方法，笔者采用基于问卷调查数据的单因素方差分析和探索性因子分析来探讨这一问题。然而，从前三节的分析中可以发现，结构性形象测量方法存在显著局限性，主要在于其受到元素主义框架的束缚。事实上，个体的感知和评价是多元且复杂的，受到个人经历、记忆、媒介接触以及心理因素等多方面因素的综合影响。城市形象在个体心中呈现出丰富多样的内涵，但由于结构性测量方法的限制，研究者只能尽最大可能罗列足够充分的城市属性表，并对其进行统计分析。然而，"尽最大可能"本身就带有主观性，并且意味着无法穷尽城市形象的所有属性。

此外，基于问卷的结构化测量无法发现不同城市联想词语的相互关系。蔡利平等人在一篇论及城市品牌知识与城市信任的经典论文中，采用了心理学的"扩散—激活"理论去阐释城市形象图式（以城市品牌联想的方式呈现）是如何以信息互相激活、刺激并相互作用的方式动态运作的。[①] 问卷调查作为传统的研究方法，在验证因果上具有天然的优势，但在对形象联想词语的相互关系方面解释力不足。

基于以上考虑，为了将群体城市形象感知的研究从基于数据的构成维度、因子均值的层面，下沉到更鲜活的、更能观测到关系类型的层面，本节将

---

① CATHY H, CAI L. Brand knowledge, trust and loyalty: a conceptual model of destination branding[J]. International CHRIE conference-refereed track, 2009, 12(2): 1-8.

采取社交网络数据挖掘与社会网络数据分析相结合的方法,对源地品牌群体、学生教育群体和城市形象管理机构群体三个内部相关者群体进行长春形象感知的差异分析。

具体而言,本节要回答的问题有以下几个。

RQ4:作为城市形象的载体和城市品牌的构成部分,不同内群在社交媒体上的传播图式分别是如何呈现的？有何异同？

RQ4-1:作为城市形象的载体和城市品牌的构成部分,源地品牌群体在社交媒体上的传播图式特点是什么？

RQ4-2:作为城市形象的载体和城市品牌的构成部分,学生教育群体在社交媒体上的传播图式特点是什么？

RQ4-3:作为城市品牌的重要参与者,城市形象管理机构群体在社交媒体上的传播图式特点是什么？

针对上述研究问题,本研究设计了一套基于社交网络数据分析的研究方案。笔者选择了与长春城市形象相关的源地品牌群体、学生教育群体和城市形象管理者群体,分别获取了 3,218 条、7,563 条、31,981 条微博文本,共计 42,762 条微博文本。研究的具体设计方案已在第二章第四节中详细阐述,此处不再赘述。

一、源地品牌群体的城市形象感知图式分析

针对 RQ4-1,笔者最终选取了 7 个具有知名度和产业影响力的本地品牌,通过梳理"@皓月肉品""@天景食品""@一汽-大众""@一汽红旗""@中车长春轨道客车股份有限公司""@长影集团""@长春亚泰官方微博"7 个品牌官方微博,在研究时间区间内获得 3,218 条微博文本,以供后续分析。

区域品牌与该地商业品牌之间的关系,是区域品牌化理论一直在探索的问题,许多学者认为,二者之间是主品牌与伞品牌之间的关系。也有大量研究证实了源地品牌与企业品牌之间的相互关联甚至博弈的关系。就本研究而言,2017年长春市GDP总量为6,530亿元,其中,以汽车制造业、智能制造业为主的重点行业实现增加值2,493.9亿元,占比约38%。汽车行业无论在经济贡献上,还是在人们的心目中,都是长春的城市品牌之一。源地品牌群体城市形象感知图式LDA主题分析结果如表3-22所示。

表3-22 源地品牌群体城市形象感知图式LDA主题分析结果

主题1	回复	亚泰队	换人	马里尼奥	长影	亚泰	长春亚泰	上
主题2	导演	长影	长春亚泰	首发	人	队	配音演员	微博
主题3	加油	期待	比赛	换下	亚泰	长春亚泰	翻译	训练
主题4	吉林	长影	拍	微博	拍摄	视频	东北	梯队
主题5	亚泰	联赛	长春亚泰	比赛	预备队	进球	领先	结束
主题6	转发	基地	净月	长影	亚泰	长春	中	微博

针对清洗、分词后的微博信息,笔者采用MCMC-Gibbs算法进行参数估计,将主题初始值K设定为10,Gibbs采样的迭代次数为100次,并依次尝试了5种主题数(K=4、6、8、10、12),最终提取出了最具解释力的源地品牌群体的城市形象感知图式,即表3-22所示的六主题模式。在全部主题中,会有一些常用词语产生干扰(如"拍""上""回复""微博"),并不能提供更多的所指。但总体而言,很明显,"电影"和"足球"是两个核心主题,汽车产业并没有作为核心主题被自然析出。为什么会出现这样的情况?主题词并不能提供更精细的解读。因此,笔者建立了源地品牌群体城市形象感知信息的前100个关键词的共现矩阵,使用社交网络分析软件UCINET和NetDraw绘制出了共现关系图。笔者通过调整关键词相关系数高低(0.2、0.3),关键词共现关系呈现显著差异。

(一)构成维度分析:电影、足球与汽车

当相关系数为0.2时,长春本地企业在主题上呈现出三大词团,分别为汽车相关、电影相关和足球相关。可以说,社交网络分析呈现出的是三维度主题,与LDA主题模型的结果相一致。但当相关系数提高至0.3时,"汽车"主题词团不再显著。这说明,"一汽"作为长春本地最具知名度和影响力的商业品牌,在微博上的发声强度并不高。回到这些账号的具体信息来看,可能因为一汽集团旗下的子品牌,将微博作为与消费者沟通和品牌营销的平台,发布大量活动及相关标签,因此,在文本预处理中,有部分文本被清洗掉了。

此外,一汽品牌与"体验""品质""发动机"等关键词构成词团,它们与长春或吉林省的地域性联结并不强烈。一汽作为长春的支柱性企业,其主动的城市品牌意识处于缺席状态。换言之,一汽品牌在对外沟通中更乐于强化自身消费品牌角色,而非源地品牌身份。

(二)不同维度相关关系

从主题间的关系来分析可以发现,汽车主题是相对独立的,而"电影"和"足球"因为地域因素和文化娱乐因素相互关联(节点词为"长春"与"文化")。这也从侧面证明,相对于汽车产业,足球和电影反而与"长春"和"东北"的地域形象传播联系更为紧密。这显示了文化娱乐产业在社交媒体平台上的活跃性,也意味着,作为一个老工业城市,文化类企业品牌在长春的城市形象呈现中表现更为突出。而经济产值贡献突出的汽车品牌,如"一汽大众""一汽红旗""一汽马自达",反而会削弱自己的城市属地特征,以维持品牌的独立性和辨识度。

二、学生教育群体的城市形象感知图式分析

针对 RQ4-2,根据全国普通高等学校名单,笔者最终选取了所在地为"长春市"、办学层次为"本科"的 16 所高等院校,将它们的官方微博作为学生教育群体的账号数据来源。所提取的 16 所高校微博账号名称为:"@东北师范大学""@吉林财经大学""@吉林大学""@吉林动画学院""@吉林工程技术师范学院""@吉林华侨外国语学院(现更名为"@吉林外国语大学")""@吉林建筑大学微博协会""@吉林农业大学""@长春财经学院官微""@长春工程学院""@长春科技学院""@长春理工大学""@长春师范大学""@长春中医药大学""@东北师范大学人文学院""@长春理工大学光电信息学院

(现更名为@长春电子科技学院)"。此外,笔者添加了"@长春共青团"这一学生纽带机构,共计17个微博账号,在研究时间区间内共取得7,563条微博文本,经过清洗、分词、主题词提取等处理步骤后,相关数据有待后续分析。

(一)构成维度分析

在UCINET软件中,将相关系数调整为0.25后,学生教育群体呈现出明显的"四主题词团"。围绕在四大主题词的词语包括以下四个方面。第一,校园学习相关:学生、学校、教师、学院、师生、合作、交流、长春师范大学等高校名称。第二,科研会议:专业、研究、会议、十九大、举办、召开。第三,创新培养:创业、大赛、创新、大学生、文化、建设。第四,行政规范:党委、书记、党、政治、发展、马克思主义。因此,学生教育群体的长春城市形象感知图式的构成维度可以概括为:学习、科研、发展、思政宣传。

(二)维度与构成因子间关系

如表3-23所示,这是K=8条件下的LDA主题分析结果,虽然本研究尝试了4、6、8、10、12这5种主题数设定,并从中选择了实词最多、解释度最高的"八主题"模式,但每一主题的排他性很低,效果依然不够理想。但结合社交网络数据分析结果共同分析,笔者发现相互呼应、互为解释的情况,并发现更多结构性形象测量无法发现的现象。

表3-23 学生教育群体长春城市形象感知图式LDA主题分析结果

校园日常类	主题1	净月	长春	录取	中医药大学	大学城	食堂	人	感谢
	主题8	2017	小伙伴	厉害	今天	你好	我校	长春	中国
"鸡汤"打卡类	主题2	加油	晚安	人	好	长春	努力	都	不
	主题4	小编	距离	开学	手机	2017	人	说	都
	主题5	转发	加油	早安	长春	新人	人	微博	都
创新活动类	主题3	欢迎	大赛	组织	视频	长春	会	活动	创业
	主题6	ne	长春	更新	注意	日常	运动会	铭记	历史
	主题7	视频	人	选手	中医药大学	都	好	长春	直播

1.城市认同：地理边界因素

表3-23主题1中，密集出现了空间地点词语，如"净月""大学城"和"食堂"等。其中，"净月"所指代的净月高新技术产业开发区是长春高校最为集中的区域，"长春"作为城市名，与各大学之间的归属性很好，这些地理边界因素在LDA主题分析中被识别出来。

2.城市文化认同："方言"的渗透

表3-23中出现了一个网络词语——"ne"。这是东北方言的特有词语，"ne"在大学生群体中的传播使用，侧面体现了他们对长春乃至东北地区的语言文化认同。这也提示我们，对于学生这一群体的城市形象感知研究，不可忽视方言等文化因素的影响力。

3.群体内认同：学生群体的审美趋向

"鸡汤"打卡类主题体现了大学生群体积极的生活心态，这与年轻群体的审美趋向相吻合；"直播""视频"等词语反映出新媒体传播技术在年轻人群体中的渗透情况。

4.外群差异：意识形态把控较经济领域更为严格

LDA主题分析与社交网络数据分析的相关结果都说明，行政规范在学生教育群体的对外沟通中较为突出，这与源地品牌群体呈现出的市场化、娱乐化、商业化特征，形成鲜明对比。

三、城市形象管理机构群体的城市形象感知图式分析

针对RQ4-3，本研究最终选取了表3-24中23个城市形象管理机构群体的微博账号，主要来自综合管理部门、基层治理部门等4个群体。本研究最

终获得 31,981 条微博文本,笔者清理数据后,进行分词、词频统计、关键词提取,结论如下。

表 3-24 城市形象管理机构群体微博账号列表

机构属性	账号名称	机构属性	账号名称
综合治理部门	@文明长春	基层管理部门	@长春经开发布
	@长春发布		@绿园发布
	@长春交巡警		@南关发布
	@长春能见度_政务公开办公室		@朝阳发布
			@和谐宽城
	@长春于玲		@二道发布
	@吉林省环境保护厅	旅游管理相关部门	@长春文旅
	@吉林省民政厅		@吉林省旅游发展委员会(现更名为@悠游吉林)
	@吉林警事		
本地 5A 景区及博览会常设机构	@莲花山生态旅游度假村		@长春气象
			@长春龙嘉机场
	@伪满皇宫博物院		
	@东北亚博览会秘书处		
	@东方好莱坞长影世纪城		
	@净月潭		

(一)构成维度分析

基于分词后的城市形象管理机构群体的微博信息,笔者建立词频居于前 100 的关键词的共现矩阵,使用社交网络分析软件 UCINET 和 NetDraw 绘制共现关系图,相关系数调整为 0.25,共现关系图中呈现出了如下几个主题的词团。第一,党政职能相关:建设、社会、服务、党、管理、环境、教育等;第二,社区居民相关:居民、活动、宽城、街道、社区、书记;第三,治安管理相关:公安、事故、交警、车辆、驾驶、民警等;第四,旅游出行相关:安全、交通、吉林、旅游、落实、领导、出行等。

(二)构成维度关系分析

我们进一步分析城市形象管理机构群体的城市形象感知图式,将"党政职能"相关维度的词团关系展开,可以发现,"党"成为连接群众、管理、建设、社区、活动等边界点的核心元素。如果在UCINET软件中,将"党"这一关键词删除,其他关键词(安全、城市、十九大、服务、社区、管理、交警等)将会呈现相对离散的状态。这说明城市形象管理机构群体的长春感知图式构建过程中,"党"的作用颇为重要。

如表3-25所示,相关数据主要围绕天气出行、地域旅游资源和党政治理三大主题,针对城市形象管理机构群体进行LDA主题分析,比其他两个群体的效果都要好。同样的分词词典、同样的分词规则、同样的参数设置,为什么会出现这种差异?重新考察这一群体发布的微博文本,其文档集的文本内容相对严肃,用词规范,网络词较少,并且50字以上的长文本较多,这都可以提高LDA主题分析的精确程度。

表3-25 城市形象管理机构群体长春感知图式LDA主题分析结果

主题	关键词								
天气出行	晴	温度	多云	气温	季节	早安	联盟	小雨	大自然	级
	吉林	旅游	美	长白山	中国	文化	回复	网页	链接	好
地域旅游资源	天然	阴	玩雪	浓郁	秋季	日记	幸运	青山	祖国	植物
	当前	山	含有	长白	刺激	生产	葱	亲	好	空
	早上好	良	美丽	夏天	滑雪场	盐	延边	基地	马	冬季
党政治理	转发	看吧	都	视频	放入	人生	习近平	回复	微	博
	长春	工作	空气质量	注意	吉林省	宽城区	安全	服务	公安局	不
	党	朝阳区	早安	社区	伪满皇宫	十九大	社区	图片	博物院	民警

四、小结

本研究基于利益相关者理论视角,以长春为例,从构成维度和维度相关关系两个角度,解读了不同群体的不同区域感知图式。即便面对同一个城市,不同群体因为立场不同、需求不同,会产生不同的区域形象呈现和联想。既往研究对群体角色进行更为细致的划分,以一种较为笼统的方式提炼、测量区域形象的属性和维度。但在以融合和碎片化为典型特征的信息时代,对区域品牌传播进行更为精准、深入的群体需求挖掘,是一个城市乃至一个国家提升品牌传播效果的必经之路。

在此基础上,本节采用新的研究方法,找到了连接内群不同主题的纽带因素,比如长春的"电影"品牌和"足球"元素依靠文化娱乐和共同的空间边界属性,得以相互关联;源地品牌群体在对外传播中与"长春"这一地域因素连接度较低。长春作为一个亟待转型的后工业城市,其汽车行业依然具备相当的认可度,但源地品牌在城市声誉和形象的传递中处于"匿名潜行"的状态。源地品牌、产业集群品牌与城市品牌化一直关系密切,甚至国内相当多的研究是将二者相提并论的[1],这些研究认为城市品牌化就是源地品牌和产业集群品牌的动态管理过程,这从侧面揭示了本地品牌在城市传播中的重要位置。作为长春最具国民认可度、直至现在依然是国民经济重要组成部分的汽车行业,其作用应当被调动起来,在产业经济中贡献力量的同时,也要在对外传播中建立与城市的情感联结,进而将这种符号的联结根植于公众心中。这种基于符号、节点的激活与扩散,基于地域联想图式的建立和完善,恰恰是城市形象传播,尤其是互联网时代形象传播的根本特点。

此外,本研究还发现:不同群体的区域感知,并不是完全隔绝的。不同群体会通过更高一级的范畴概念产生联系和互动。具体而言,在中国语境

---

[1] 孙丽辉.基于中小企业集群的区域品牌形成机制研究:以温州为例[J].市场营销导刊,2007(3-4):54-58.

下,政策传播和宣传是城市形象管理机构群体和学生教育群体的重要统领范畴,而它在源地品牌群体中的痕迹并不明显。其实,无论是国内还是国外,地方政府都是践行城市形象管理的领导者[①],其直接决定着一个区域的品牌发展和形象塑造成果。因此,在这样的背景下,任何忽视管理力量的城市营销研究,都犹如空中楼阁,未来的研究亟须下沉到更精细的层面去思考城市传播,比如品牌传播绩效该如何评估,该如何协调内部、外部不同群体的需求。

第八节　本章小结

正如本章开篇所说,由于心理学上"图式"与"形象"密切关联,城市形象感知的研究在一定意义上是对城市联想图式的考察。基于这样的前提,本章从群体差异的视角出发,分析了内群、外群、不同距离(空间距离和社会距离)外群、不同内群利益相关者四组配对群体的长春形象感知图式,并得出了一些有价值的结论。

一、城市形象感知的"内外有别"

通过对长春本地居民群体和外部城市群体的城市形象感知测量,本研究发现,内群与外群的城市形象感知维度具有很高的相似性,内外群都从经济与社会、人、文化三个主要维度去感知长春这个城市,在情感倾向上,也都是基于"愉悦"和"活力"两个维度去构建情绪图式。但两个群体在评价积极程度上呈现出统计学意义上的显著差异。换言之,他们立足相似的思维结构去构建长春形象,但评价赋值"内部消极、外部积极"。

内群的城市评价比外群的城市评价更消极,既往针对城市形象和旅游

---

① PASQUINELLI C, BELLINI N. Global context, policies and practices in urban tourism: an introduction[M]//BELLINI N, PASQUINELLI C. Tourism in the city: towards an integrative agenda on urban tourism. Berlin: Springer, 2017: 1-25.

目的地形象的成果也有类似发现。对于本地人来说,他们和外部人群(尤其是游客人群)的立场和需求截然不同,并且本地人的态度一般更加复杂。段义孚在人文地理学的经典著作《恋地情结》中针对本地人"人地关系"的复杂性做过一段论述:"外来人(尤其是游客们)都有明确的立场,他们的感知过程经常都是用自己的眼睛来构组一幅图景。相反地,本地人所持有的是一种复杂的态度,其根源是他们浸淫在自己所处的环境整体中。外来人的立场很简单,也容易表述。面对新奇的事物的兴奋感也促使他们表达自己的感受。相比较而言,本地人所有持有的复杂的态度,只能通过行为、习俗、传统和神话传说等方式艰难、间接地表达出来。"[1]由于本地人的这种高涉入度,他们在认知层面和情感层面对长春的形象评价都更丰富。

在城市形象研究中,很多研究成果都基于对旅游目的地形象的研究,那么对于旅游目的地形象和品牌而言,游客确实占据重要地位,因为相当多的研究其实是基于游客感知优先这一前提的。当然,近年来旅游目的地研究也开始关注本地人的意见和参与性,但更多的研究者还是考虑到旅游产业层面的问题,比如居民对游客、旅游活动、旅游战略的认可程度。而对于城市研究来说,其与旅游目的地研究不同,本地人对于声望建立、城市品牌的意义不言而喻。大卫·阿克(David Aaker)在论及品牌资产的来源时,就从侧面否定了"对外宣传至上"的城市传播路径。他认为,一个区域必须拥有良好的内部和外部(游客、投资者、商人、移民)形象,才能维护区域的品牌资产,这强调了内部满意和认同的重要性。[2]

基于此,这种"内外有别"的城市评价,实则在提示研究者和城市形象管理机构:一是要客观对待内群的消极评价,明晰这种群体角色可能带来的附加效果;二是要足够关注本地人的意见和需求,在满足本地人城市需求的基础上,再去论及"城市品牌形象"乃至"城市声誉管理",忽略本地人的幸福愿景去进行外部声誉管理和城市形象塑造,无异于舍本逐末。

---

[1] 段义孚.恋地情结[M].志丞,刘苏,译.北京:商务印书馆,2018:92.
[2] AAKER D A.Leveraging the corporate brand[J].California management review,2004,46(3):6-18.

二、与空间距离相比,社会距离是更具影响力的因素

因为既往的城市形象研究乃至城市营销和品牌研究,更常从地域差别的视角去展开案例研究、对比研究,社会学、心理学、消费研究更多关注心理和社会距离的影响力和作用边界。本研究对这两种群体的划分方式都给予关注,将外部样本按照不同空间距离和社会距离拆分为六个群体,并对他们眼中的长春形象进行结构化测量,进而通过 F 检验、均值比较的方法验证其差异性。

就不同空间距离的三个群体而言,他们仅在近半数的认知形象测项中存在统计学意义上的显著差异,在认知形象的其他侧面以及情感形象感知方面没有显著差异。通过对差异项的多重比较分析,笔者发现,差异性主要由远距离群体(上海)贡献,中距离群体(北京)与近距离群体(哈尔滨)并不存在差异。因此,我们有理由推断,上海对长春形象感知的差异,主要原因不是由于空间距离,实际上是其他因素在起作用,比如文化差异,这需要研究者未来在社会心理层面做更多探讨。

对于不同社会距离的三个群体而言,除了一个测项之外,他们在其余 36 个城市形象感知测项上评分都存在显著差异,并呈现出距离衰减定律:社会距离越近,评价越高;社会距离越远,评价越低。此外,本研究发现,在城市情感形象的测量中,传统的"愉悦"和"活力"二维情感划分,难以解释复杂多变的环境情感。本研究对中社会距离群体和远社会距离群体的情感感知测量,就区分出了"亲近""活力""满足"三个情感维度。

为何社会距离比空间距离更具影响力?这一现象我们可以从形象形塑机理的角度加以解释。显而易见,社会距离是一个主观意义上的社会心理变量,而空间距离是客观变量。空间距离在旅游研究中被证实影响显著,是因为随着距离增加,去远距离城市旅游的时间、精神成本都随之增加,这导致了距离越远、客源量越少的情况。但对于城市形象研究而言,简单的距离

衰减定律并不适用。在全球化时代,对于沉浸在融合、无界媒介生态环境中的个体而言,人们接触一个城市相关信息的渠道前所未有地丰富,我们并不会因为与一个地方相隔千山万水,而只能接触到更少的相关信息,信息接触内容甚至呈现出无边界的一致性。空间距离不再成为影响消费、心理乃至形象的重要因素,反而是心理因素在发挥更重要的作用。这种作用力,需要更多的研究去证实。

三、被构筑的图景:内群差异化的主题、节点与关系

本章还基于不同内部利益相关者群体的微博数据,进行了社会网络分析与LDA主题分析,笔者试图从数据中不加干涉地自然析出不同内群的长春感知图式。与结构化测量相比,基于源地品牌群体、学生教育群体、城市形象管理机构群体的传播图式研究,更准确来说,并不能被称之为城市形象感知测量,它呈现出一种对外传递的、有意构筑的、理想化的拟态图景。

具体而言,我们发现了不同群体更具鲜活力、更具体的城市传播图式,不同内群在传播主题、主题关系,以及重要关键节点上各有不同。将社交网络数据分析结果与结构化测量问卷结果进行对比分析,我们会发现更有趣的现象。举例而言,在源地品牌群体的主动传播中,我们发现"电影"和"足球"是比"汽车"更加显著、与地方联系更为紧密的主题,但在针对内外群的形象结构化测量时,"经济"维度是累计贡献率最高的主题,相关群体对长春的经济实力给予充分关注(不管是积极评价还是消极评价)。这意味着拟态环境与真实图景的背离,也提示研究者,在媒介高度渗透的当下,基于媒介话语分析的城市形象研究虽然依然具有重要意义,但要知晓媒介形象所呈现出的"理想图景"并不等于真正的"感知形象",媒介内容与城市形象之间尚有复杂而多变的心理机制和语境在发挥作用。单纯基于媒介内容分析的城市形象研究,难以直接渗透到形象的本真层面。在城市形象研究中,我们需要对外部因素(如媒介信息)的影响机理和作用边界进行更深入层面的探索。

第四章 "我"的城市与"他"的城市
——城市形象的形塑机理

在本书第三章,我们通过结构化测量与社交网络数据分析相结合的方式,融合了内群与外群、自我与他者两种视角,确认了内群与外群、不同次级内外群在城市形象感知上的差异性。其中,本研究识别了社会距离变量作为外群下沉细分标准的合理性。如果说前三章在理论梳理的基础上,从不同角度确定了一国内部不同角色群体的城市形象感知差异,那么接下来本章将立足前文成果,去回答"为什么"的问题,对不同群体形象感知差异的成因和机制,做因果上的进一步探索。

由于第三章已经证实了一国内部的形象感知群体差异性,我们有理由推断:由于形象形塑机理不同、由于不同的影响变量驱动,不同群体出现了感知上的差异。到底是哪些因素在起作用?这些影响变量又是以什么样的方式最终作用到形象感知层面?从本章开始,本研究将以内群和外群的不同群体角色去阐释城市形象感知的前置因素,比如媒介信息、个体经验、心理因素等变量给他们的城市形象感知带来什么样的影响。其中,在证实内群城市形象感知形成的逻辑路径时,尤其关注地方涉入度(place involvement)这一心理变量;在分析外群的城市形象驱动机制部分,重点关注社会距离这一心理变量。

如何回答以上两个核心问题?正如本书第二章表2-2所示,为了验证区域形象及其影响因素之间的假设关系,发现影响不同群体城市形象感知的因变量,本章将在文献回顾的基础上构建出内群与外群两个群体的参照性概念模型。数据来自基于长春本地居民、外部三个城市(哈尔滨、北京、上海)居民的问卷调查,笔者用结构方程模型来确定不同变量的作用路径,验证内外群的两个概念模型。

第一节 文献回顾与概念模型的提出

一、媒介信息与城市形象的形成

形象的一个经典定义是"形象的形成是在全部信息中选择若干印象,并在此基础上形成一个心理结构的过程"[①]。这个定义暗含的意义是:首先,信息在形象形成中发挥巨大作用,是塑造人们对世界感知的重要力量,不管这里的信息是指大众媒体信息,还是口碑传播以及体验等信息因素;其次,形象形成是一个信息选择的过程,因此,对于形象形塑机理的研究,要考虑到影响个体信息接触、加工解读、表达传播的心理变量;最后,城市形象感知的塑造最终形成一个心理结构,这意味着社会心理或基于生物学的认知心理可能在这一复杂过程中发挥作用。无论是宏观意义上的媒介涵化效果理论,还是将视野放在区域形象领域,信息中介都是重要的影响因素。影响形象形成的方式有很多种,人们对世界的理解感知也受到不同来源信息的潜在影响。

影响人们对一个地方形象感知的媒介信息类型有哪些?加特纳提出了在旅游和城市营销领域颇具影响力的形象形成中介理论。他将影响形象建立的信息源分为以下几类。第一,原生形象中介:影响人们脑海中知觉形象

---

① REYNOLDS W H.The role of the consumer in image building[J].California management review,1965,7(3):69.

形成的最重要的信息中介,人们的直接经验、真实的终端体验,比如传统销售门店的体验、城市研究中的真实到访经历,都可以被归入原生形象中介。第二,社交中介:最初指的是亲密群体中针对一地一物的口碑,后由于社交媒体的出现,许多学者将此细分为基于社交媒体平台的弱关系社交口碑和现实亲密关系的线上线下口碑。第三,独立性中介:大众新闻媒体、电影、电视节目中提供的信息。第四,诱导性中介:带有商业目的的营销传播信息。

很多学者都从这一理论思路出发,研究媒介信息对旅游目的地形象、城市形象乃至国家形象的影响。但在全新的媒介生态下,当多样化的媒介以前所未有的方式高度渗透到个体生活中时,其实针对特定物的媒介接触信息源,已经很难分割和清晰确定,并且媒介接触对于形象的影响,更多时候是一种传播联合效应,而不是单一媒介效果。加特纳对城市媒介信息的划分泾渭分明,他按照媒介技术发明时间线索去做信息分割。对于当下融合化、智能化、平台化的媒介生态而言,这种划分的适应性是否依旧良好,目前城市品牌研究领域尚无过多讨论。在这样的背景下,卡瓦拉齐斯(Kavaratzis)对城市品牌沟通进行了进一步的理论探讨。[①] 他没有单纯从人类传播、大众传播的思路出发,而是整合了城市规划、地理研究与传播学等学科,提出了一个融合视角的二级城市沟通框架。他认为,城市中的每一个物体、发生在城市中的每一件事、生活在城市中的每一个人,都在无声地塑造着城市形象,城市景观、基础设施、治理结构和地方性行为构成了城市"初级沟通"的内容。在此基础上,众所周知的城市口号建设、城市品牌战役、城市形象广告等有着较强营销意图的沟通努力,属于城市"二级沟通"的内容。相对而言,卡瓦拉齐斯考虑到了城市本身的空间属性,但他以"是否存在营销意图"来划分城市沟通信息,在资本高度渗透、广告无处不在的当下,依然存在难以分割的问题。举例而言,由品牌赞助的城市建筑和基础设施,该如何界定其性质?这种信息源的分割,是媒介与城市形象效果研究领域尚未

[①] KAVARATZIS M.From city marketing to city branding:towards a theoretical framework for developing city brands[J].Place branding and public diplomacy,2004,1(1):58-73.

解决的问题。

　　关于影视剧、新闻、电视节目等独立性媒介信息对于城市形象影响的研究,很大一部分可归于城市媒介形象研究。相当多的研究对媒介形象与城市形象不进行严格区分,认为二者直接相关,这实则从侧面默认了媒介对于城市形象塑造的影响力,甚至有学者指出,媒介形象已经成为独立于城市本质的、被社会机器生产出来的庞大怪物[①]。研究者紧跟最前沿的媒介类型和载体,把它们作为展示城市属性、提高城市吸引力和好感的平台。比如抖音对于城市品牌联想、城市形象塑造、城市空间符号重构等方面的影响力[②];又如李子柒的视频作为一种跨文化传播现象在传递中国形象、讲好中国故事、展示中国文化方面的显著度[③];再如区域与媒介的结合手段——影视剧植入的出现和普及,如今已经成为独立的研究方向——影视旅游(film tourism),并累积了大量研究成果[④]。

　　在社交中介与城市形象研究领域,也涌现了大量成果。有的研究者侧重于社交媒体效果评估与城市传播策略引导[⑤],有的研究者侧重于城市舆情与热点事件研究[⑥],有的研究者将社交中介作为因变量或中介变量去研究媒介信息对目的地形象的作用机制[⑦],更多的研究者针对如何利用互联网去开展城市品牌和形象传播进行策略探讨[⑧]。

　　另外,重大赛事、会议等城市事件的沟通与营销作用,受到了很多学者

---

① 吴予敏.论媒介形象及其生产特征[J].国际新闻界,2007(11):51-55.
② 冯嘉,文春英.抖音"网红城市"在城市营销视角下的利弊之惑[J].文化产业导刊,2019(1):52-55.
③ 张红芸.中国文化对外传播的实践经验和可行路径:以 YouTube 李子柒短视频为例[J].出版广角,2020(12):77-79.
④ HUDSON S,RITCHIE J R B.Promoting destinations via film tourism:an empirical identification of supporting marketing initiatives[J].Journal of travel research,2006,44(4):387-396.
⑤ 周欣琪,郝小斐.故宫的雪:官方微博传播路径与旅游吸引物建构研究[J].旅游学刊,2018,33(10):51-62.
⑥ 蔡礼彬,宋莉.基于网络文本的城市旅游意象符号表征研究:以青岛市为例[J].地域研究与开发,2019,38(3):78-83.
⑦ 严威,孙江华,刘妍妍.城市形象媒体监测分析系统研究与开发[J].广播与电视技术,2009,36(5):113-115.
⑧ 黄骏.虚实之间:城市传播的逻辑变迁与路径重构[J].学习与实践,2020(6):132-140.

的关注。一些研究者聚焦于具有全球影响力的赛事活动研究,比如奥运会、世锦赛、世界杯、NBA赛事等,他们认为,通过采用合适的媒介策略,可以提升一地的形象、关注度和好感。[①] 虽然赛事、会议等活动是在短期内举办的,但通过连续性事件宣传,可以将短期影响长期化[②],提高潜在受众的地区认知度,并能削弱消极的地方形象[③],形成事件与城市的情感匹配,从而触发更强的行动意向。也有经济学领域学者关注赛事等事件对于城市产业的拉动作用和经济辐射效应[④],以及其他活动对城市投资行为的吸引力刺激[⑤]。

通过对研究成果的梳理,我们发现,媒介信息会对城市形象产生显著影响,这已经成为学界共识,但绝大部分研究都是针对某一类特定媒介渠道的效果研究。基于整体视角评估媒介传播效果的研究多见于实践类、思辨类文献。但在媒介高度融合、媒介多任务行为普及化的当下,任何城市沟通效果的发生或城市形象的改进,可以归因于某一单纯的沟通行为吗?或者说,我们再去严格区分某一条媒介信息,是来自传统媒体还是新兴媒体,是属于不含营销意图的自发行为还是富有营销色彩的市场行为,已经不符合当下的传播范式。媒介信息作为外部因素,在塑造不同群体的城市形象感知时,尤其在与直接经验(造访、投资、经商等)对比时,整体而言到底发挥了多大程度的作用?对于内群与外群而言,媒介作用力的大小是否存在差别?我们需要对这些问题做进一步的研究。基于此,本研究提出如下假设。

H-1:对于内群而言,城市相关媒介信息接触影响城市形象感知。

H-Ⅰ:对于外群而言,城市相关媒介信息接触影响城市形象感知。

---

① 潘晓慧.城市形象传播:政府的角色与路径[C]//"传播与中国·复旦论坛"(2012)——可沟通城市:理论建构与中国实践论文集,2012:62.
② 王伟,杨婷,罗磊.大型城市事件对城市品牌影响效用的测度与挖掘:以上海世博会为例[J].城市发展研究,2014,21(7):64-73.
③ GETZ D. Event tourism: definition, evolution, and research[J]. Tourism management, 2008, 29(3):403-428.
④ 吕斌.关于奥运后城市总体布局[J].北京规划建设,2009(2):192.
⑤ 曾武佳.会展经济的区域特性分析[J].软科学,2006(3):50-54.

二、直接经验与城市形象的形成

本研究所说的直接经验,是指一个人去过某个地方或是接触过当地的人、事、物所形成的一手信息。经验这个概念是消费和营销研究中心经常使用的核心变量,对应的是消费者的真实消费经历。2000年年初,以阿瓦里特夫(Awaritefe)、布拉库斯(Brakus)为代表的一批学者,开始把经验这一变量引入服务和旅游目的地的研究中去。

目前,关于经验与城市形象的影响效应及其作用机制的研究还较为匮乏。然而,关于来源国效应和跨文化旅游形象的研究对这一主题已有所触及。其中,影响人们对遥远国度印象的最直接且最有力的因素是一手经验,即人们在该地的亲身体验。很多研究都以理论探讨的方式肯定了直接经验对于品牌联想、印象形成和行为意向的作用。[1] 巴洛格鲁指出,信息接触和经验是增进目的地熟悉度和知名度的重要因素。[2] 在没能到访一个地方之前,人们脑海中一地的形象主要由相关信息塑造,有学者把这种刺激下形成的地方形象称为基底形象。[3] 待真实到访发生后,也就是人们与一个地方产生直接经验后,基底形象会被调整后固定在受众脑海中。大量形象差异对比研究也关注了直接经验的作用,比如哈沃德(Harward)使用了小组访谈的方式,发现直接经验对形象感知维度构成产生影响。[4] 金成燮等人验证了观看2002年韩日世界杯和参加2010年上海世博会前后,直接经验所导致的地

---

[1] SCHUILING I,KAPFERER J.Executive insights:real differences between local and international brands:strategic implications for international marketers[J].Journal of international marketing,2004,12(4):97-112.

[2] BALOGLU S.Image variations of Turkey by familiarity index:informational and experiential dimensions[J].Tourism management,2001,22(2):127-133.

[3] LI X,STEPCHENKOVA S.Chinese outbound tourists' destination image of America[J].Journal of travel research,2012,51(3):250-266.

[4] JAMILENA D M F,RODRÍGUEZ-MOLINA A,CASTAÑEDA A.Internet vs. travel agencies on pre-visit destination image formation:an information processing view[J].Tourism management,2008,29(1):163-179.

方评价差异。① 有研究者认为,既往的城市到访经验会影响人们对目的地的满意度评价②,会影响人们对旅游目的地的选择③,也会对风险感知和决策④产生影响。

由上文可知,虽然直接经验作为一种原生信息媒介会影响到城市形象感知这一观点已经被很多学者认可,但在城市传播研究框架下,信息经验与形象、行为意向的具体关系路径并不清晰。上文所述的研究基本都在验证直接到访经验对于城市形象感知是否存在影响,但对其产生影响的路径和机制探索不足。关于巴洛格鲁所说的"信息与经验双重作用"在城市形象领域的实证经验,也依然匮乏。直接经验作为重要变量,已经在教育心理、风险感知、技术接受等领域被反复证实。因此,直接经验对城市形象感知的影响力,尤其是对内群和外群的作用力是否存在差异,以及其与城市形象和行为之间的相互关系如何,仍有待进一步探究。基于研究现状,本研究提出以下假设。

H-2:对于内群而言,直接经验影响城市形象感知。

H-3:对于内群而言,直接经验影响城市相关行为意向。

H-4:对于内群而言,城市形象感知影响城市相关行为意向。

H-Ⅱ:对于外群而言,直接经验影响城市形象感知。

H-Ⅲ:对于外群而言,直接经验影响城市相关行为意向。

H-Ⅳ:对于外群而言,城市形象感知影响城市相关行为意向。

---

① KIM S S,AO Y,LEE H,et al.A study of motivations and the image of Shanghai as perceived by foreign tourists at the Shanghai EXPO[J].Journal of convention & event tourism,2012,13(1):48-73.
② 周杨,何军红,荣浩.我国乡村旅游中的游客满意度评估及影响因素分析[J].经济管理,2016(7):156-166.
③ 熊龙,马月伟.基于因子分析法的昆明市无景点旅游市场影响因素研究[J].中国农学通报,2014,30(34):309-314.
④ KARL M,SCHMUDE J.Understanding the role of risk (perception) in destination choice:a literature review and synthesis[J].Tourism:an international interdisciplinary,2017,65(2):138-155.

三、内群、地方涉入度、城市形象感知与行为结果

涉入作为一种人与特定物之间常见的心理活动现象，直接影响着人们社会行为过程的各个环节。关于涉入与城市交往、城市实践和城市形象关系的直接成果并不多见，但在消费、旅游、心理乃至教育领域，都积累了丰富的成果。我们就如何理解涉入、消费与产品领域的涉入研究、涉入度与旅游目的地形象，以及居民与地方涉入度的关系这几个方面进行简单的梳理。

（一）关于涉入度与地方涉入度的概念界定

涉入度（involvement）是一个心理学概念，是由特定物、特定情境刺激而唤起动机的一种内部兴趣状态。[1]"自我涉入"这一概念最早由谢里夫和坎特里尔（Sherif & Cantril）在1947年阐述社会判断理论时提出。[2]他们认为，个人对某一事件的涉入等级越高，对其持有相反意见的可能性就越小。这一时期，涉入还主要在社会学、政治学框架内被讨论。20世纪70年代，涉入作为一个重要概念，被引入消费研究领域，学者也从产品涉入和消费涉入的不同角度进行研究。其中，戴恩斯（Dynes）认为，涉入度是消费者对指向物或指向行为的一般兴趣水平。[3]鲍恩和查菲（Bowen & Chaffee）认为，涉入度是指产品所拥有的潜力或产生回报的结果可能性。[4]米切尔认为，涉入度是个体层面的心理结构，经由特定信息、产品、情境的刺激，这种心理结构会被唤起，并迁移到信息解读、品牌评价乃至行为结果层面。[5]这些定义有的突出人与产品的关系，有的突出人与情境的关系，有的突出人与行为之间

---

[1] APSLER R,SEARS D O.Warning,personal involvement,and attitude change[J].Journal of personality and social psychology,1968,9(21):162-166.
[2] SHERIF M,CANTRIL H.The psychology of ego involvement[M].New York:Wiley,1947:16.
[3] DYNES R R.Organizational involvement and changes in community structure in disaster[J].American behavioral scientist,1970,13(3):430-439.
[4] BOWEN L, CHAFFEE S H. Product involvement and pertinent advertising appeals [J]. Journalism quarterly,1974,51(4):613-621.
[5] MITCHELL A A.Involvement:a potentially important mediator of consumer behavior[J].Advances in consumer research,1979,6(1):179-191.

的关系。究其本质,所谓"涉入",是指物我之间的心理联系。这种联系可能是功利性的,唤起的是个体的利益兴趣水平,比如你在选择旅游目的地时,以财力支出为衡量标准,那么这一决策的过程,主要就是唤起了物我之间的利益性诉求。这种联系也可能是由精神价值主导的,比如"落叶归根"或"乡愁是一枚小小的邮票"这种文学化的表达,表达的便是一种深度的、精神性的"人地"情感关系。

20世纪80年代以后,人们开始关注涉入度与空间的联系,比如场所涉入度、旅游目的地涉入度乃至地方涉入度。将涉入度与场所空间相结合,休斯敦和罗思柴尔德(Houston & Rothschild)的研究起到了重要的启发作用。他们在研究消费涉入度时,关注到消费者对品牌的一种先存的、稳定的态度(我们可以理解为先存品牌态度)。他们所说的"持久性涉入",指的是个体与行为或物体先存关系的强度,相对应的是"情境性涉入"。[1] 这种对涉入的解读,实际上与地理研究中"地方感"的认同和承诺研究有相似之处,因为它们都指向人地之间的一种心理联系。从这一角度而言,本书主要研究的是城市形象这一具有相对稳定性的心理感知结构。这种结构虽然与居民每天参与的城市日常实践相关,并且处于动态中,但人地关系依赖强度确实具有相对的稳定性,表现为一种持久性涉入,而非情境式涉入。相应地,菲洛(Filo)等人对地方涉入下定义时,就只关注了持久性的个体情感,他们认为,"地方涉入是个体和地方之间的相关关系结构,是地方如何为个体提供享乐、功利或符号性价值的基本判断和观念"[2]。

综合以上文献,本书将"地方涉入度"定义为:个体与特定区域(村镇、城市、国家)由于信息与经验双重作用而形成的心理投入状态。这种对地方的信念可能源于功利价值判断,比如它对个人利益诉求的呼应程度,可能是情感倾

---

[1] HOUSTON M J, ROTHSCHILD M L.Conceptual and methodological perspectives on involvement[J].Advances in consumer research,1978,5(1):184-187.
[2] FILO K, FUNK D C, O'BRIEN D.Examining motivation for charity sport event participation: a comparison of recreation-based and charity-based motives[J].Journal of leisure research,2011,43(4):491-518.

向的信念,指向更为复杂的情感,如依恋、怀念等。这种先存的心理投入状态会影响个体对一个地方的兴趣和依恋强度。

(二)涉入度与旅游目的地形象、行为意向研究

整体而言,对涉入度的研究,以消费领域、教育领域、媒介研究领域为主。研究证实,涉入度几乎对产品、服务在内的各种消费行为都存在影响,而媒介涉入(电视涉入、虚拟社区涉入、网络涉入、动漫涉入等)也影响了个体评价信息、政治参与、公共事件参与、品牌评价等各个方面,但学界对于地方涉入度的探讨尤为不足。

有学者指出,城市形象传播的利益相关者策略的动机和逻辑是:将城市形象以精神和物质双重赋权的方式植入相关群体和组织形成鲜明的价值承诺,通过利益相关者影响、利益相关者参与和利益相关者共同治理使其对城市形象产生动态、稳固的内在涉入关系。[1] 由此可见,涉入度是与城市形象、城市承诺和不同利益相关者群体密切相关的影响因素。

有研究者对这些相关关系做了实证检验,部分成果发现地方涉入度的提升促进了地方满意、地方忠诚和地方认同。宋永俊和坎贝尔(Sung & Campbell)将地方承诺(包括利益性和非利益性)作为涉入度的一个指标,发现了它与地方满意的显著关系。[2] 布鲁宁和莱丁哈姆(Bruning & Ledingham)也站在人地关系的角度定义涉入度[3];埃利希(Ehrlich)等人以自行车游客为样本进行研究,发现了游客涉入度和地方认同有关[4];黄旭男以公园

---

[1] 何国平.城市形象传播:框架与策略[J].现代传播(中国传媒大学学报),2010(8):13-17.
[2] SUNG Y,CAMPBELL W K.Brand commitment in consumer-brand relationships:an investment model approach[J].Journal of brand management,2009,17(2):97-113.
[3] BRUNING S D,LEDINGHAM J A.Relationships between organizations and publics:development of a multi-dimensional organization-public relationship scale[J].Public relations review,1999,25(2):157-170.
[4] EHRLICH S B,DE NOBLE A F,MOORE T,et al.After the cash arrives:a comparative study of venture capital and private investor involvement in entrepreneurial firms[J].Journal of business venturing,1994,9(1):475-490.

为研究对象,发现了地方涉入度与地方依恋和地方满意之间的相关关系[1];凯尔(Kyle)等人把空间涉入度作为空间依赖感的维度之一,探讨其与行为忠诚的因果关系。[2] 王坤等人以徐州为研究对象,运用结构方程模型验证了游客涉入、地方依恋、地方认同的结构性关系。[3] 马向阳等人以台湾为研究对象,基于文化认同理论,验证了文化认同、地方涉入度和目的地形象三者之间的因果关系,发现地方涉入度对目的地形象产生积极作用,进而引导了重游意向。[4]

既然地方涉入度与地方认同和情感的关系如此紧密,那么它是否可以作为有效的行为预测变量?后续一些研究也证实了地方涉入度对行为的影响力,提出地方涉入度可以有效引发支持性的行为意向,它与社会交换关系密切相关。个体的生活状态和利益如果显著受到其他人或物的影响,那么更容易产生支持行为。比如,如果一个人打算移民某国,那么他与该国的地方涉入度和地方关系强度就都会更高些[5],在一个事物上投入越多精力和金钱,就越会提升承诺水平[6]。这种社会交换关系也体现在了人地关系中,黄旭男在研究中发现,个体与地方私人连接关系的强度决定了地方涉入度的

---

[1] HWANG S, LEE C, CHEN H. The relationship among tourists' involvement, place attachment and interpretation satisfaction in Taiwan's parks[J]. Tourism management, 2005, 26(2):143-156.
[2] KYLE G T, CHICK G. The social nature of leisure involvement[J]. Journal of leisure research, 2002, 34(4):426-448.
[3] 王坤,黄震方,方叶林,等.文化旅游区游客涉入对地方依恋的影响测评[J].人文地理,2013(3):135-141.
[4] 马向阳,杨颂,汪波.大陆游客涉入度与文化认同对台湾旅游目的地形象及重游倾向研究[J].资源科学,2015(12):2394-2403.
[5] HESLOP L A, PAPADOPOULOS N, DOWDLES M, et al. Who controls the purse strings: a study of consumers' and retail buyers' reactions in an America's FTA environment[J]. Journal of business research, 2004, 57(10):1177-1188.
[6] RUSBULT C E, MARTZ J M, AGNEW C. The investment model scale: measuring commitment level, satisfaction level, quality of alternatives, and investment size[J]. Personal relationships, 1998, 5(4):357-387.

等级。① 换言之，一个地方的不同层面的属性，比如基础设施、就业机会、投资机会、政府效率等，与个体需求、目标和价值的契合程度，决定了人地关系涉入度的高低。

显而易见，以上研究都对地方涉入度的作用持肯定态度。然而，反对的声音也一直存在，研究者关于地方涉入度的作用边界尚无定论。哈维茨和曼内尔（Havitz & Mannell）认为，涉入度的作用并不那么强大，尤其是针对不同人群而言。② 早在1985年，卡普费雷（Kapferer）在研究品牌识别时，就曾提及"在消费决策时涉入度并不总会系统性地导致特定行为"③。在区域品牌研究中，积极的人地关系并不能保证正向的区域支持行为（比如旅游、求学、居住或投资）。那么，是什么因素在地方涉入度的作用路径中起到中介或调节作用？有学者着重研究了媒介信息的作用，认为是否有机会进行信息接触、是否有能力进行信息处理共同制约了地方涉入度对于形象或行为意向的影响力。

综上所述，无论是传播因素（一手经验信息、二手媒介内容），还是心理因素（如地方涉入、依恋等），它们对于形象或行为意向的影响，都不能一概而论。究其原因，这与区域本身的复杂性、人地关系的复杂性、个体决策的复杂性关系密切。前文所述的旅游研究、消费研究、产品研究领域的结论，也无法直接应用到城市传播领域。因此，在区域品牌化、城市传播的视域下，地方涉入度与形象、认同乃至行为之间的结构关系，其实需要进一步的研究和验证，这方面的研究尚处于相当匮乏的情况。

---

① HWANG S, LEE C, CHEN H. The relationship among tourists' involvement, place attachment and interpretation satisfaction in Taiwan's parks[J]. Tourism management, 2005, 26(2): 143-156.
② HAVITZ M E, MANNELL R C. Enduring involvement, situational involvement, and flow in leisure and non-leisure activities[J]. Journal of leisure research, 2005, 37(2): 152-177.
③ KAPFERER J, LAURANT G. Consumer involvement profiles: a new and practical approach to consumer involvement[J]. Journal of advertising research, 1985, 25(6): 48-58.

(三)内群与地方涉入度

关于以居民为代表的内群与地方涉入度的关系,其实少有区域营销研究成果出现,崔瑞熙与蔡利平从公共外交的角度论及人地关系时,曾指出地方涉入度是衡量亲密人地关系的重要指标,那种天然、依赖、亲密的人地关系很少会出现在个体与他国之间。[①] 这实则从侧面说明,本地居民对一地、一国的涉入是天然紧密的,尤其在中国这样一个高度回避不确定性、集体主义的文化地域,居民与居住地的涉入,与游客短暂旅行中的涉入、消费者购买某一类产品的涉入,其程度是不可同日而语的。

因此,任何涉及区域内群人地关系的研究,不关乎学科视角,无论是社会学研究、心理学研究,抑或是本书所涉及的城市传播研究,甚至是文学或艺术研究,其实都不应拘泥于各自学科的框架传统。"日出江花红胜火,春来江水绿如蓝,能不忆江南"在表达的恰恰是一种难以分割、持续产生影响力的人地涉入关系。这种表述看似属于文学范畴,但又历经岁月传承,以城市文化精神、城市认同的方式被城市品牌实践重新提炼出来。地理学家段义孚在人文地理经典之作《恋地情结》中,曾专门论述本地人与地方的情感:"外来人(尤其是游客们)都有明确的立场,他们的感知过程经常都是用自己的眼睛来构组一幅图景。相反地,本地人所持有的是一种复杂的态度,其根源是他们浸淫在自己所处的环境整体中。外来人的立场很简单,也容易表述。面对新奇的事物的兴奋感也促使他们表达自己的感受。相比较而言,本地人所有持有的复杂的态度,只能通过行为、习俗、传统和神话传说等方式艰难、间接地表达出来。"[②]他的这段论述其实以理论探讨的定性方式,阐述了本地居民可能存在更高更复杂的涉入等级,而这将内群与外群截然分开,影响着本地人的城市形象感知及其形象的形成路径。然而,遗憾的是,在目前主流的城市品牌化、城市营销研究领域,学者们陆续去关注游客、投

---

① CHOI S H, CAI L.An experiment on the role of tourist attribution: evidence from negative nature-based incidents[J].Current issues in tourism,2017,20(5):455-458.
② 段义孚.恋地情结[M].志丞,刘苏,译.北京:商务印书馆,2018:92.

资者、求学者等"他者"群体的涉入度和需求动机,却忽视了地方涉入这种人地情感心理结构对本地人的影响路径。

基于如上论述,本研究提出如下假设。

H-5:对于内群而言,地方涉入度在媒介信息接触与城市形象感知的关系中起到中介作用。

H-5-1:对于内群而言,地方涉入度在媒介信息接触与城市形象感知的关系中起到中介作用。

H-5-2:对于内群而言,地方涉入度在直接经验与城市形象感知的关系中起到中介作用。

四、外群、社会距离与城市形象感知

本书第三章已经就社会距离与城市形象感知的关系进行了梳理,并通过结构化测量的方式确定了不同社会距离群体的感知差异确实存在。具体而言,关于长春城市形象感知的 37 个测项中,不同社会距离群体在 36 个测项上都存在统计学意义上的显著差异,并且表现出明显的距离衰减定律:社会距离越近,评价越高;社会距离越远,评价越低。这首先从形象本体角度,在数据上确定了社会距离可以作为影响外群城市形象感知的因变量。

社会距离作为变量之一,与媒介信息和直接经验是如何结构性地影响城市形象感知的?这是本章要继续探讨的问题。

在区域形象研究领域,已有部分成果发现社会距离与媒介接触、社会经济地位等个体因素一并作用于区域形象感知及行为意向。许庆红等人以中—缅公众形象感知为研究对象,发现经常观看外国节目和喜欢中国音乐、电影、电视的缅甸人,与中国的社会距离更近,进而对中国的国家形象感知更积极,并有效改善了群际关系。[①] 也有学者以中国大陆与中国台湾的关系

---

① 许庆红,孔建勋,陈瑛.缅甸人心目中的中国人:社会距离及其影响因素[J].社会发展研究,2019(2):97-114,244.

为研究对象,发现了直接经验(旅游、人际社会接触等)和媒介信息对于台湾青年对大陆态度和印象的显著影响力。陆续有很多研究证实了社会距离对跨文化目的地选择、形象感知的显著作用,比如有研究发现不同国家民众社会距离的亲疏远近是认同与行为意向之间的中介变量。[1] 心理距离与其他因素一道对品牌态度产生交互作用[2],但多在跨文化传播中被关注,或者是中国—东南亚国家、印度—巴基斯坦这种具有历史特殊性的两地关系研究。对于一国内部的区域形象或区域品牌的研究很少关注到社会距离这一变量,这是因为一国内部的社会距离被默认为不具有较大的差异。然而,如本书第三章所述,一国内部的文化群体划分或社会标准下的市场细分,对于城市营销和城市形象建设来说都尤为重要。也有旅游学者从旅游产业和文化产业交叉的视角出发,定义了中国内部的文化区划分。然而,作为一种社会心理因素,社会距离与媒介因素、直接经验如何对城市形象、行为意向乃至城市研究的其他层面产生结构性影响,需要我们累积更多的实证结果,从而进一步完善社会距离对城市形象、城市选择乃至城市传播的作用机制的探讨。

本书在梳理相关文献的基础上,结合社会距离与外群城市形象感知差异的初步研究结果提出,对于外群来说,社会距离作为一种心理因素,在媒介、经验与城市形象感知之间的关系中扮演了"心理装置"的角色。具体而言,本书提出了以下假设。

H-Ⅴ:对于外群而言,社会距离在媒介信息接触与城市形象感知的关系中起到中介作用。

H-Ⅴ-1:对于外群而言,社会距离在媒介信息接触与城市形象感知的关系中起到中介作用。

---

[1] WINTERICH K P, MITTAL V, ROSS W T. Donation behavior toward in-groups and out-groups: the role of gender and moral identity[J]. Journal of consumer research, 2009, 36(2): 199-214.
[2] 贺冬锦,孙洪庆,向绍信,等.语言修饰性与心理距离对消费者品牌态度的交互影响研究[C].2014年中国市场营销国际学术年会论文集,2014:17.

H-Ⅴ-2:对于外群而言,社会距离在直接经验与城市形象感知的关系中起到中介作用。

五、基于内群、外群差异的城市形象感知形塑机理假设体系

鉴于第三章已经证实了内群、外群在长春形象感知上的差异性,本章在就城市形象感知形塑机理进行研究时,基于内群、外群两个群体,建立了具有参照性的两个模型,如图4-1所示。

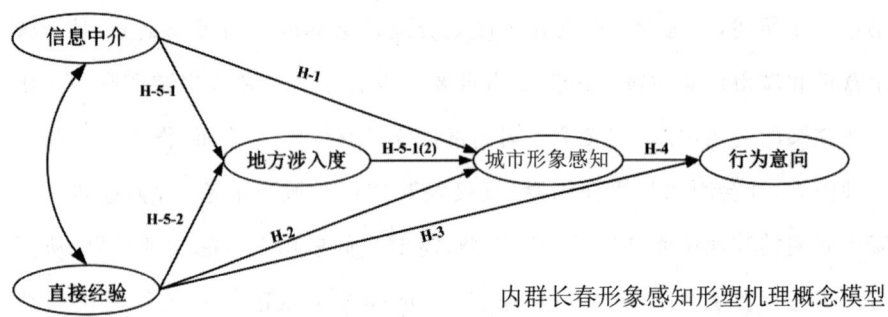

内群长春形象感知形塑机理概念模型

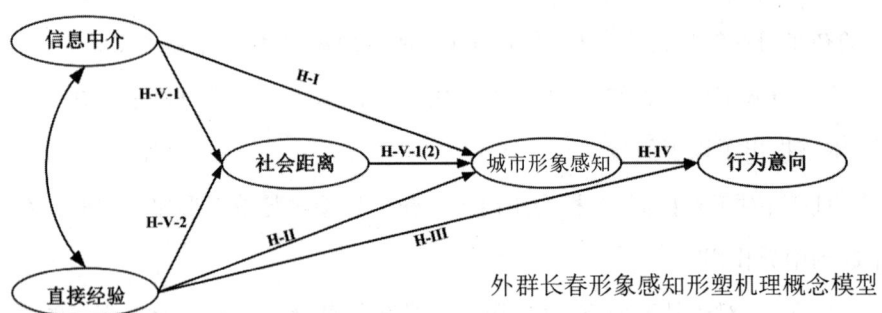

外群长春形象感知形塑机理概念模型

图 4-1 城市形象感知形塑机理概念模型

根据前文所述,现将本章研究的假设体系梳理如下。对于内群的城市形象感知形塑机理而言,本章提出的研究假设如下。

H-1:对于内群而言,城市相关媒介信息接触影响城市形象感知。

H-2：对于内群而言，直接经验影响城市形象感知。

H-3：对于内群而言，直接经验影响城市相关行为意向。

H-4：对于内群而言，城市形象感知影响城市相关行为意向。

H-5：对于内群而言，地方涉入度在媒介信息接触与城市形象感知的关系中起到中介作用。

H-5-1：对于内群而言，地方涉入度在媒介信息接触与城市形象感知的关系中起到中介作用。

H-5-2：对于内群而言，地方涉入度在直接经验与城市形象感知的关系中起到中介作用。

对于外群的城市形象感知驱动机制而言，本章提出的研究假设如下。

H-Ⅰ：对于外群而言，城市相关媒介信息接触影响城市形象感知。

H-Ⅱ：对于外群而言，直接经验影响城市形象感知。

H-Ⅲ：对于外群而言，直接经验影响城市相关行为意向。

H-Ⅳ：对于外群而言，城市形象感知影响城市相关行为意向。

H-Ⅴ：对于外群而言，社会距离在媒介信息接触与城市形象感知的关系中起到中介作用。

H-Ⅴ-1：对于外群而言，社会距离在媒介信息接触与城市形象感知的关系中起到中介作用。

H-Ⅴ-2：对于外群而言，社会距离在直接经验与城市形象感知的关系中起到中介作用。

第二节 研究设计与实施

在两个不同群体的长春形象感知形塑机理概念模型建立以后，要对其进行实证的量化检验，首先需要将上述假设关系组成的模型转化为符合结构方程模型研究方法要求的数据结构。结构方程模型一般包含两个次级模型:测量模型与结构模型。因此,本研究首先需要建立测量模型,设计观测变量去测量模型中涉及的抽象概念,即潜变量,问卷由观测指标题目组成,以便进行后续的数据收集和分析。其次,建立基于潜变量关系的结构模型,也就是根据图 4-1 中的各个概念间的关系,在对应的潜变量与显变量之间建立指向性联系,将问卷中被实际操作化的各个测项按照理论模型所示构建成具有结构性的模型系统,以求直观地反映内外群的城市形象感知驱动结构。

一、问卷设计与测量准备

本书在第二章已经详述了问卷的修订过程、问卷调查的时间、样本基本情况。在两周调查期内,本研究最终获得长春本地有效问卷 360 份,外群城市(哈尔滨、北京、上海)有效问卷 657 份,共计 1,017 份有效问卷。

关于结构方程模型中潜变量的测量,笔者充分吸收和借鉴了前人的研究成果,为了满足结构方程模型对于验证性因子分析的模型识别要求,除了第三章在探索外群城市形象感知维度时,维度"人"仅含有两个测项以外,其他所有一阶、二阶潜变量的测量,都恪守了测量模型的"三指标原则",即结构模型中的每一个潜变量,以及二阶模型中的每一个潜变量都被至少三个测量指标加以解释。

针对两个模型中的共有构念"城市形象",本书已经在第三章进行长春形象的群体差异性分析时,对形象这一构念的测量方式进行了说明。第三章采用了探索性因子分析的方法,对不同群体的城市形象感知维度进行了降维处理。最终,无论是内群,还是外群,其长春城市形象认知其实都包含了"社会经济相关""人""文化"三个维度,但每个维度下保留的题项有所差异。在结构方程模型的建立和识别中,这代表二阶模型的存在。在本书第三章中,我们从认知和情感两个维度对长春的城市形象进行了测量。然而,在情感形象的测量过程中,我们发现,拉塞尔在 20 世纪初期提出的基于地理学框架的环境情感评价理论存在局限性。该理论仅关注特定的离散情绪类型,导致测量结果"脱离具体所指"和"脱离语境",我们无法深入分析情绪与特定认知图式之间的关系。尽管许多旅游目的地形象研究也关注情感形象的测量,但在以离散情绪为主的测量模式下,相关研究很难取得突破。[①] 本书第三章在情感形象测量时也遇到了类似问题:单纯的离散情绪测量难以与其他影响变量建立理论联系。更重要的是,我们在对外群进行情感测量时发现,"愉悦"与"活力"双维结构难以很好地解释数据结果,这说明拉塞尔的环境情感评价理论的相关测量方法在本研究中需要进一步改进。

此外,考虑到结构方程模型对于问卷数据的要求,我们在测量"城市形象感知"这一构念时,仅保留了认知测量题项。实际上,以往的大部分形象研究也多基于认知层面,通过罗列城市属性并进行定性或定量分析,重绘各属性的重要性,以构建城市形象结构。

对于长春的认知形象结构,第三章通过探索性因子分析提取了更具解释力的因子,并建立了内群、外群与长春形象的三维度结构。

本研究在测量不同群体的长春相关信息中介构念时,借鉴了加特纳的形象形成中介理论。这一理论将原生信息中介界定为"人们的直接经验、真实的终端体验"。显然,它与模型中的另一潜变量"直接经验"相重复。本研究中所谈及的"信息接触"指代非主体因素的外部媒介信息。因此,对于"信息接触"这一潜变量,本研究主要依据社交中介、独立性中介、诱导性中介的分类方式,设计了 8 个测项,以测量研究群体所接触到的长春各类信息源。该测量的目的是确定内群与外群的长春信息接触构成维度,以及是否符合形象形成中介理论的维度划分。本研究首先采取探索性因子分析方法,对 8 个媒介接触测项进行因子提取(操作工具为 SPSS23.0),以求在不过多干预的情况下,按照数据形态自然析出构成维度,在此基础上进行内外群构成维

---

① 随着大数据技术、地理空间技术的普及,这种困境开始出现转机,大数据挖掘可以同时提供空间信息、情境信息和情感信息(基于文本内容的情感分析),情绪可以不用再被"原子化"(atomistically)地去理解,而是被整合在认知图式结构、空间场景中,作为综合体验的一部分被捕捉到。

度及构成要素的进一步分析。

经过对内外群信息中介样本数据的形态检验,所有测量题项的偏度和峰度绝对值都小于2(介于0.01到1.48之间),符合因子分析对于数据多元正态分布的要求。同时,由表4-1可见,内群媒介信息中介测项的KMO为0.914,外群媒介信息中介测项的KMO为0.928,两项巴利特球形度检验显著性p<0.001,说明内群—外群长春信息中介接触数据适合做因子分析。

表4-1 内群—外群长春信息中介接触KMO检验结果

主要参数		内群的长春信息中介接触	外群的长春信息中介接触
KMO取样适切性量数		0.914	0.928
巴利特球形度检验	近似卡方	1630.304	3430.573
	自由度	28	28
	显著性	0.000	0.000

针对8个媒介信息中介题目,本研究选取了公因子方差大于0.500的测项,以求排除解释力度较低、载荷系数过低的干扰因子。其中,内群参与因子提取的媒介题项为6个,外群参与因子提取的测项为7个。值得说明的是,确实如前文所预测,在媒介高度融合、市场高度渗透的当下,公众的媒介使用在类别上已经难分难解。在探索性因子分析中,内群外群都难以仅仅析出一个主成分。其中,内群6个测项构成一个因子,解释度为60.676%;外群7个测项构成一个因子,解释度为64.784%。探索性因子分析的结果尚算理想。对于媒介信息接触构念的设计,笔者没能在探索性因子分析中获得1个以上的主成分,这证明加特纳在1993年提出的颇具影响力的形象形成中介理论已经很难适应当下的媒介生态。基于如上结果,本研究不再将潜变量媒介信息接触作为二阶构念设计,而是把信息中介作为一阶构念,在两个模型中,分别被作为含有6个测量指标和7个测量指标的构念。内群—外群长春媒介信息接触因子提取情况如表4-2所示。

表 4-2　内群—外群长春媒介信息接触因子提取(累计百分比)

内群的长春媒介信息接触				外群的长春媒介信息接触			
成分	总计	方差(%)	累计(%)	成分	总计	方差(%)	累计(%)
1	4.854	60.676	60.676	1	5.183	64.784	64.784
提取方法:主成分分析法				提取方法:主成分分析法			

二、测量问卷结构与效度

对两个参照模型中的所有潜变量构念信度加以分析后,结果显示,每个抽象构念的克朗巴哈系数都高于临界值 0.7,且每个潜变量测项修正后的项的总相关系数也都高于临界值 0.7,说明数据可靠性通过检验,可以进行下一步模型分析。具体数据如表 4-3 所示。

表 4-3　内群—外群结构方程模型(测量模型部分)测量信度

Model 1:内群长春形象感知形塑机理模型				Model 2:外群长春形象感知形塑机理模型			
二阶构念	一阶构念	测量题项(简)	Cronbach's α	二阶构念	一阶构念	测量题项(简)	Cronbach's α
城市形象感知	经济与社会	适合投资	0.924	城市形象感知	经济与社会	适合投资	0.965
		适合就业				经济发达	
		经济发达				本土品牌实力强	
		本土品牌实力强				经济环境稳定	
		经济环境稳定				科技创新	
		积极贡献				教育水平高	
	人与城市	长春人正直可信	0.851		长春人	社会福利好	0.800
		长春人热情友好				长春人勤劳	
		干净				长春人正直可信	
		安全				长春人热情友好	
	文化创新	历史悠久	0.835		文化	本地文化魅力	0.708
		科技创新				历史悠久	
		本地文化魅力					

续表

二阶构念	一阶构念	测量题项(简)	Cronbach's α	二阶构念	一阶构念	测量题项(简)	Cronbach's α
		Model 1:内群长春形象感知形塑机理模型				**Model 2:外群长春形象感知形塑机理模型**	
城市形象感知	信息中介	网络新闻 文学音乐等 影视综艺等 社交网络 亲朋讨论 广告	0.904	城市形象感知	信息中介	网络新闻 文学音乐等 影视综艺等 亲朋讨论 社交网络 弱关系讨论 广告	0.905
	直接经验	居住时长 亲朋好友来自长春 求学经商活动参与等经验①	0.866		直接经验	造访经历 造访时间 亲朋好友来自长春	0.915
	行为意向	推荐旅游 推荐求学工作 推荐经商	0.868		行为意向	推荐旅游 推荐求学工作 推荐经商	0.845
	地方涉入度	对我来说,长春很重要 和长春保持联系对我很有意义 长春对我的利益实现至关重要 我很融入长春这个城市 我很依赖长春这个城市	0.930		社会距离	我愿意与长春人成为熟人 我愿意与长春人成为朋友 我愿意与长春人结婚 我愿意与长春人成为邻居	0.824

其一,城市形象感知。该潜变量的量表设计主要借鉴了西蒙·安霍尔特城市品牌指数体系中关于形象的维度设计,以及陈冠的城市形象测量量表。对于内群而言,此构念包含"经济与社会""人与城市""文化创新"等一阶构念,其中"经济与社会"包含6个指标,"人与城市"包含4个指标,"文化

---

① 该变量是一个经过计算的虚拟变量,最终发放的问卷调查了被访者的求学、经商、投资、工作四项直接经验类型,经过计算得出该变量取值。

创新"包含3个指标。对于外群而言,此构念包含"经济与社会""长春人""文化"等一阶构念,其中"经济与社会"包含7个指标,"长春人"包含3个指标,"文化"包含两个指标。在两个模型中,测量指标采用了一个从"1=非常不同意"到"5=非常同意"的李克特量表,即通过询问受访者对每一项关于长春属性评价的赞同程度来进行测量。

其二,信息中介。城市形象研究领域一直采用加特纳的媒介划分方法,如前所述,这种分类方式没有得到本研究的证实。因此,本研究采用探索性因子分析的方法,分别保留了公因子方差大于0.500的测量指标。对于内群而言,此构念包含6个测量项目:网络新闻、文学音乐等、影视综艺等、社交网络、亲朋讨论、广告。受访者被询问对"最近6个月,从相关媒介看到有关长春的信息的频次"这一问题的同意程度,从而构成一个从"1=没有"到"5=10次以上"的李克特量表。对于外群而言,该构念保留了7个测量指标,提问方式与测量目的也同上所述。

其三,直接经验。本研究借鉴了李秀真的经验量表,根据内外群的特点,对量表进行了调整,分别以3个略有不同的指标来测量内群和外群的长春相关直接经验。

对于内群而言,鉴于本地居民的相关角色,3个保留的指标为:"您在长春居住多久?""您有多少亲朋好友是长春人?""最近6个月,您有在长春求学、投资经商、创业、参与大型活动(节庆、晚会、赛事、博览会)的经历吗?"①

对于外群而言,3个保留的指标为:"造访经历:最近一年,您到过长春吗?""造访时间:最近一年,您在长春待过多久?""您有多少亲朋好友是长春人?"

以上所有题项都以五级李克特量表的形式进行测量,α系数为0.866、0.915,皆通过可靠性检验。

其四,行为意向。大量旅游和城市营销研究都持续关注城市行为意向

---

① 在最终问卷中,该测量项目以4道题目的形式出现,后经计算获得"直接经验"的测量指标之一。

这一指标,大部分时候,它都作为因变量存在。本研究也采纳了经典的量表设计,内群外群都采用了3个测量指标来说明这一潜变量,即:第一,您是否愿意推荐别人到长春旅游？第二,您是否愿意推荐别人到长春求学或工作？第三,您是否愿意推荐别人来长春经商？所有测量指标都构成一个从"1＝非常不愿意"到"5＝非常愿意"的李克特量表,α系数为0.868、0.845,皆通过可靠性检验。

其五,地方涉入度。该构念针对内群而设计。对于该构念的测量,笔者主要借鉴了崔瑞熙与蔡利平在2017年定义区域关系化时所设计的量表。构念包含5个指标,构成一个从"1＝非常不同意"到"5＝非常同意"的李克特量表,即调查长春本地居民在多大程度上赞同:对我来说,长春很重要；和长春保持联系对我很有意义；长春对我的利益实现至关重要；我很融入长春这个城市；我很依赖长春这个城市。前3个指标关乎人地关系中的功用价值维度,后两个指标则关乎依恋价值维度。此构念的α系数为0.930,通过可靠性检验。

其六,社会距离。该构念针对外群而设计。对于该构念的测量,笔者主要借鉴了博加德斯(Bogardus)的经典社会距离量表,以及后来学者建议纳入感知距离(非实际距离)的观点,最终选择了4个测项来共同测量该构念,即询问外群在多大程度上愿意:与长春人成为熟人；与长春人成为朋友；与长春人结婚；与长春人成为邻居。这是一个从"1＝非常不同意"到"5＝非常同意"的李克特量表,关乎群际之间的亲密程度等级。此构念的α系数为0.824,通过可靠性检验。

第三节 检验与分析:内群长春形象感知

对于相关数据的描述性统计分析和结构方程模型分析,笔者分别使用SPSS23.0和Amos23.0完成。就研究方法而言,研究者在进行城市形象形塑机理研究时,通常会采用多元线性回归分析或者结构方程模型。后者的优势在于:一方面,对于不同构念下的测量指标,在测量模型阶段就可以剔除随机误差,当研究者对误差更小的潜变量进行路径分析时,更容易发现真实的构念关系;另一方面,多元线性回归模型的拟合度只能通过 R^2 来进行判断,而结构方程模型为我们提供了更加多元、有力的拟合优度指标体系。①

对于内群而言,首先,样本中性别比例大体均衡,男性占比 50.8%(183人),女性占比 49.2%(177人);其次,有关长春形象感知形塑机理各个构念的全部 30 个观测指标(内含 1 个虚拟变量)的数据偏度和峰度的绝对值都小于 2(介于 0.013 到 1.453 之间),符合因子分析对于数据多元正态分布的要求。对于外群而言,首先,样本中性别比例大体均衡,男性占比 53.1%(349人),女性占比 46.9%(308人);其次,有关长春形象感知形塑机理各个构念的全部 30 个观测指标(内含 1 个虚拟变量)的数据偏度和峰度的绝对值都小于 2(介于 0.062 到 1.483 之间),同样符合因子分析对于数据多元正态分布的要求。

关于 Model-1 与 Model-2 各测项数据所涉及的其他无直接关联的描述性指标,详见本书附录 3 与附录 4。

一、内群模型:测量模型的效度检验及结果

本研究所设计的两个概念模型,各自包含两个部分,即测量模型和结构模型。测量模型的计算采用探索性因子分析的方式,检验潜变量与测量题目之间的关系。本研究采取标准化法(即将每个潜变量对应的测量指标确定为 1)和最大似然估计法来进行模型中的验证性因子分析。

对于内群的长春形象感知形塑机理概念模型 Model-1 而言,笔者基于测量模型设定如下指定路径。

---

① 黄顺铭.虚拟社区里的知识分享:基于两个竞争性计划行为理论模型的分析[J].新闻与传播研究,2018(6):52-76,127.

第一，适合投资、适合就业、经济发达、本土品牌实力强、经济环境稳定、积极贡献6个测项载荷至一阶构念"经济与社会"维度；长春人正直可信、长春人热情友好、干净、安全4个测项载荷至一阶构念"人与城市"；历史悠久、科技创新、本地文化魅力3个测项载荷至一阶构念"文化创新"。如上3个一阶构念进一步载荷至二阶构念"城市形象感知"。

第二，网络新闻、文学音乐等、影视综艺等、社交网络、亲朋讨论、广告6个测项载荷至一阶构念"信息中介"；居住时长、亲朋好友来自长春、求学经商等活动参与经验3个测项载荷至一阶构念"直接经验"；"对我来说，长春很重要""和长春保持联系对我很有意义""长春对我的利益实现至关重要""我很融入长春这个城市""我很依赖长春这个城市"5个测项载荷至一阶构念"地方涉入度"；"推荐旅游""推荐求学工作""推荐经商"3个测项载荷至一阶构念"行为意向"。

第三，一阶构念"信息中介""直接经验"影响二阶构念"城市形象感知"，据此加入路径指定。

第四，一阶构念"地方涉入度"在"信息中介—城市形象感知""直接经验—城市形象感知"两条路径中发挥中介效应，据此加入路径指定。

第五，一阶构念"直接经验"影响一阶构念"行为意向"，二阶构念"城市形象感知"影响"行为意向"，均加入路径指定。

第六，所有指标的随机误差不相关。

按照理论演绎得到的内群模型，经过如上路径指定后，笔者得到同时包含结构模型与测量模型的完整模型，如图4-2所示。

鉴于表4-3已经通过Cronbach's α系数证实了测量问卷的信度，且两个模型的各个潜变量，其测项设计的信度系数都在0.7以上，证明内群与外群的长春形象形塑机理概念模型的测量模型部分，具有较高的内部一致性，信度通过检验。

在信度通过检验后，本研究接下来衡量测量模型的收敛效度。为了确定进入结构方程模型分析的题项与既有测量思路和操作化定义相符合，本

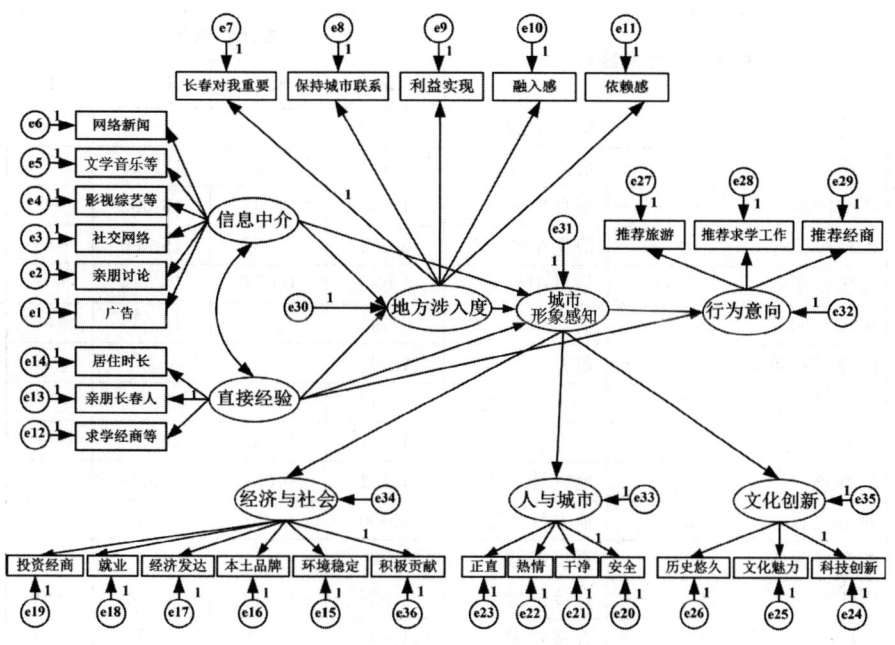

图 4-2　内群长春形象形塑机理初始模型

研究利用样本数据进行了验证性因子分析，并使用 Amos23.0 按照表 4-4 所示的题项与潜变量之间的测量关系，建构了验证性因子分析模型，结果如表 4-4 所示，由此获得结构模型问卷建构效度水平的判断。检验各潜变量与对应测量题目的非标准化路径系数以及显著性水平，所有潜变量与测量题目之间的 C.R.值都大于临界值 2.58，所对应的置信水平 P 值都小于 0.001，说明所有测量题目与各个构念之间存在充分、显著的解释关系。测量模型得到了实证数据支持。

表 4-4　内群形象感知形塑机理测量模型收敛效度结果

内群模型变量路径			估计参数值			
			Estimate	S.E.	C.R.	P
广告	<----	信息中介	1.000			
亲朋讨论	<----	信息中介	0.944	0.062	15.120	***
社交网络	<----	信息中介	1.031	0.066	15.685	***
影视综艺等	<----	信息中介	0.963	0.057	16.800	***
文学音乐等	<----	信息中介	1.033	0.057	18.045	***
网络新闻	<----	信息中介	0.999	0.062	16.043	***
长春对我重要	<----	地方涉入度	1.000			
保持城市联系	<----	地方涉入度	1.047	0.040	25.884	***
融入感	<----	地方涉入度	1.041	0.052	20.173	***
依赖感	<----	地方涉入度	1.231	0.057	21.641	***
利益实现	<----	地方涉入度	1.000	0.057	17.654	***
求学经商等	<----	直接经验	1.000			
居住时长	<----	直接经验	0.988	0.113	8.764	***
亲朋是长春人	<----	直接经验	1.805	0.206	8.778	***
文化创新	<----	城市形象感知	1.000			
经济与社会	<----	城市形象感知	0.926	0.078	11.797	***
人与城市	<----	城市形象感知	0.720	0.058	12.349	***
积极贡献	<----	经济与社会	1.000			
经济环境稳定	<----	经济与社会	1.045	0.055	18.879	***
本土品牌实力强	<----	经济与社会	1.043	0.062	16.866	***
经济发达	<----	经济与社会	1.103	0.055	20.196	***
适合就业	<----	经济与社会	1.009	0.059	17.162	***
适合投资	<----	经济与社会	0.997	0.063	15.933	***
历史悠久	<----	文化创新	0.804	0.057	14.071	***
科技创新	<----	文化创新	1.000			
本地文化魅力	<----	文化创新	0.663	0.053	12.477	***
安全	<----	人与城市	1.000			
长春人热情友好	<----	人与城市	0.878	0.071	12.357	***
干净	<----	人与城市	1.212	0.078	15.595	***
长春人正直可信	<----	人与城市	1.328	0.097	13.647	***
推荐旅游	<----	行为意向	1.000			
推荐求学工作	<----	行为意向	0.900	0.058	15.633	***
推荐经商	<----	行为意向	0.884	0.056	15.780	***

由表 4-5 可见,内群模型所涉及的 5 个潜变量,其组合信度都达到 0.7 以上,其中"信息中介""城市形象感知""地方涉入度"的组合信度已经大于 0.9,所有潜变量的组合信度结果非常理想。就平均方差萃取量(Average Variance Extracted,AVE)而言,"直接经验"的 AVE 值为 0.475(<0.500),其余 4 个构念的平均方差萃取量都大于 0.5,介于 0.572 和 0.771 之间。"直接经验"这一潜变量,其 AVE 值虽然略低于 0.5,但考虑到量表中存在虚拟计算变量,同时结合该构念测项的 Cronbach's α 系数(0.866),以及 3 个题项的载荷系数(分别为 0.69、0.68、0.66)。根据塔巴尼克和菲德尔(Tabachnick & Fidell)的因子载荷判断标准[①]:当因子负荷量大于 0.71,是非常理想的;当负荷量大于 0.63,是非常好的;若负荷量小于0.32,即该因素解释不到 10% 的观察变量变异量,是非常不理想的,应予以删除。[②] 综合考虑如上指标,略低的 AVE 值虽不非常理想,但可以接受。

表 4-5　内群各构念的平均方差萃取量与构念信度

	信息中介	直接经验	地方涉入度	城市形象感知	行为意向
AVE	0.572	0.475	0.612	0.771	0.630
组合信度	0.934	0.716	0.926	0.932	0.840

综合考虑内群测量模型的如上系列指标,其拟合优度较好,测量模型可以被接受。在测量模型部分,各个测量指标最终对不可直接测量潜变量的解释度为多少,即各潜变量测项探索性因子分析的标准化系数结果。具体得值如表 4-6 所示。

---

① TABACHNICK B G,FIDELL L S.Using multivariate statistics[M].5th ed.New York:Pearson College Div,2007.
② BARBARA G,WANG B,STANGHELLINI V,et al.Mast cell-dependent excitation of visceral-nociceptive sensory neurons in irritable bowel syndrome[J].Gastroenterology,2007,132(1):26-37.

表 4-6 内群测量模型标准化路径系数

隶属概念	测量题项(简)	Estimate
城市形象感知	文化创新	0.878
	经济与社会	0.920
	人与城市	0.914
信息中介	影视综艺等	0.761
	文学音乐等	0.809
	网络新闻	0.744
	社交网络	0.800
	广告	0.853
	亲朋讨论	0.676
直接经验	求学经商活动参与等经验	0.655
	亲朋好友来自长春	0.683
	居住时长	0.689
经济与社会	积极贡献	0.864
	经济环境稳定	0.799
	本土品牌实力强	0.787
	经济发达	0.896
	适合就业	0.809
	适合投资	0.766
文化创新	本地文化魅力	0.716
	科技创新	0.870
	历史悠久	0.649
人与城市	安全	0.715
	长春人热情友好	0.655
	长春人正直可信	0.821
	干净	0.819
行为意向	推荐旅游	0.794
	推荐求学工作	0.796
	推荐经商	0.803
地方涉入度	长春对我重要	0.848
	和长春保持联系对我很有意义	0.856
	利益实现	0.782
	融入感	0.851
	依赖感	0.890

如表 4-6 所示,内群模型各个可测变量的标准化系数值区间为 0.649—0.920 之间,即所有测量指标的标准化系数都大于 0.60、小于 0.95,符合模型拟合适配要求。同时,结合表 4-4 与表 4-6,直观可见,各个路径都有显著性,估计参数中不存在负值误差方差(列 S.E.值),且所有误差方差都达到显著水平。综上所述,测量模型适配良好,载荷参数亦符合要求,这说明测项可以很好地解释潜变量。接下来,我们可以关注潜变量间的路径系数情况,而结构模型恰恰是前文理论演绎和假设提出的重点。本研究基于内群、外群不同群体视角,针对他们对长春形象感知的特殊性而在理论层面设计城市形象感知形塑机理的机制模型、结构模型的路径系数,可以看出信息中介、直接经验是如何通过地方涉入度预测长春城市形象感知的,预测度为多少,是否显著。

二、内群模型:结构模型的适配检验结果

完整的结构方程模型包括测量模型与结构模型,其中,"信息中介"与"直接经验"都属于外生潜变量,其他三个潜变量则属于内生潜变量,在 Amos 软件下的结构方程模型设置,外生潜变量为彼此相关关系,因此,我们指定如下整体结构方程模型:第一,一阶构念"信息中介"与"直接经验"彼此相关;第二,对于它们与其他三个内生潜变量之间的关系,以及内生变量之间的相互关系,按照图 4-1 所示的原始模型进行路径设定;第三,所有误差项不相关。据此,笔者进行整体结构模型设定,并使用 Amos23.0 进行分析。

(一)潜变量直接效应假设的检验:全部成立

表 4-7 展示了各构念之间的路径显著度,同时图 4-3 给出了标准化路径系数,各个潜变量路径系数都具有显著性。直接效应假设的结果如下:H-1 假设城市相关媒介信息接触影响城市形象感知,获得强劲支持(路径系数 0.32***),且为正向显著影响。H-2 假设直接经验影响城市形象感知,获得强劲支持(路径系数-0.29**)。然而,二者之间的标准化系数为-0.29***,

也就是说,长春本地居民的直接经验显著负向影响了长春形象感知。H-3 假设直接经验影响城市相关行为意向,获得支持(路径系数 0.16***),且为正向显著影响。H-4 假设城市形象感知与城市相关行为意向相关,获得强劲支持(路径系数0.87***)。总之,对于内群模型而言,所有潜变量之间的直接关系假设均成立。其中,直接经验与城市形象感知显著负向相关。也就是说,与长春的直接接触越多,在长春居住越久,在长春投资求学工作等经历越丰富,反而导致了更加消极的城市形象评价。

表 4-7 内群模型结构路径显著性

变量路径	Standard Estimate	S.E.	C.R.	P
地方涉入度←直接经验	0.167	0.116	2.700	0.007
地方涉入度←信息中介	0.327	0.049	5.747	***
城市形象感知←地方涉入度	0.677	0.057	11.598	***
H-1:城市形象感知←信息中介	0.316	0.041	6.488	***
H-2:城市形象感知←直接经验	−0.291	0.102	−5.227	***
H-3:行为意向←直接经验	0.158	0.094	3.264	0.001
H-4:行为意向←城市形象感知	0.867	0.069	13.367	***

(二)"地方涉入度"中介效应检验:部分中介

本研究采用偏差校正自助法(Bias-Corrected Bootstrap)对中介效应进行检验。本研究利用重复随机抽样的方法在原始数据(N=360)中抽取 5,000 个 Bootstrap 样本,生成 1 个近似抽样分布,用第 2.5 百分位数和第 97.5 百分位数估计 95% 的置信区间是否包括 0。如果间接效应 95% 的置信区间没有包括 0,表明中介效应有统计学意义。如果直接效应 95% 的置信区间包括 0,表明完全中介。

"信息中介—地方涉入度—城市形象感知"这条带有中介效应的路径的相关信息如表 4-8 所示。首先,地方涉入度在间接中介效应 0.001 水平下显著(p<0.001),间接效应的置信区间为 0.159—0.304,不包括 0,说明中介效应存在。其次,考察直接效应检验情况,直接效应在 0.001 水平下显著(p=

0.000＜0.001),置信区间为 0.216—0.415,不包括 0,说明地方涉入度在信息中介与城市形象感知中起到部分中介作用,假设 H-5-1 成立。

"直接经验—地方涉入度—城市形象感知"这条路径的相关信息如表 4-8 所示。首先,地方涉入度在间接中介效应 0.05 水平下显著(p＝0.011＜0.05),间接效应的置信区间为 0.023—0.194,不包括 0,说明中介效应存在。其次,考察直接效应检验情况,直接效应在 0.001 水平下显著(p＝0.000＜0.001),置信区间为−0.388 至−0.160,不包括 0,说明地方涉入度在直接经验与城市形象感知中起到部分中介作用,假设 H-5-2 成立。

表 4-8 "地方涉入度"Bootstrap 检验间接效应与直接效应显著度

路径	效应	Estimate	P	95%CI		结果
				Lower	Upper	
信息中介→地方涉入度→城市形象感知	总效应	0.544	0.000	0.391	0.635	部分中介
	直接效应	0.316	0.000	0.216	0.415	
	间接效应	0.060	0.000	0.159	0.304	
直接经验→地方涉入度→城市形象感知	总效应	−0.183	0.000	−0.219	−0.116	部分中介
	直接效应	−0.291	0.000	−0.388	−0.160	
	间接效应	0.141	0.011	0.023	0.294	

如上所述,对于内群来说,其人地关系更为复杂,本研究用地方涉入度来诠释和呈现这种关系,这一变量也确实在信息中介、直接经验对形象的影响关系上发挥了部分中介效果。地方涉入度作为衡量人地情感关系的心理因素指标,与媒介中介、直接经验一同作用于内群的长春形象感知。

三、整体模型适配度:模型接受

用于结构方程模型拟合优度评判的指标复杂多元,且各有侧重。对整体模型适配度的检验,本质上是对总体协方差矩阵(Σ 矩阵)与假设模型隐含的变量间的协方差矩阵[Σ(θ)]之间的差异程度进行检验,于是原假设设定为:Σ 矩阵 = Σ(θ)矩阵。在实际问题的研究中,我们无法准确得知总体真实的方差与协方差,无法根据总体推导出参数(θ)。因此,我们依据理论推出的模型,利用样本数据计算推导出参数估计值($\hat{\theta}$)来代替(θ),根据假设模型导出样本协方差矩阵 S,S 矩阵和 $\hat{\Sigma}$ 矩阵的差异越小,模型适配度越好。[1]

在评定样本协方差矩阵与总体矩阵的匹配度时,相关研究就出现了模型外推能力差(对于不同地域、不同情境、不同群体的适用性不强)、模型复杂、样本敏感、设计错误等问题。综合温忠麟、侯杰泰、吴明隆等多位学者的意见,本研究选择如下模型适配度指标作为检验整体模型优度的指标,并根据指标情况和修正指数(modification indices,MI)进行修正,得到最终的修正后模型。内群模型结构方程模型拟合结果如表 4-9 所示。

表 4-9 内群模型结构方程模型拟合结果

统计检验指标	初始模型	修正模型	临界值	模型适配判断
绝对适配度指标				
CMIN	950.473	604.304		
CMIN/DF	2.252	1.620	<3	是
GFI	0.854	0.902	>0.90	是
AGFI	0.828	0.878	>0.90	略低
CFI	0.930	0.968	>0.90	是
SRMR	0.063	0.044	<0.05	是
RMSEA	0.059	0.042	<0.08 适配合理 <0.05 适配良好	是
增值适配度指标				
NFI	0.881	0.922	>0.90	是
RFI	0.868	0.909	>0.90	是
IFI	0.930	0.969	>0.90	是
TLI	0.922	0.963	>0.90	是
简约适配度指标				
PGFI	0.727	0.724	>0.50	是
PNFI	0.799	0.791	>0.50	是
PCFI	0.844	0.830	>0.50	是

---

[1] 吴明隆.结构方程模型:AMOS 的操作与应用[M].重庆:重庆大学出版社,2010:220.

初始模型的适配度总体尚可,绝对适配度指标和个别增值适配度指标都轻微低于临界值,但卡方值为 950.473,并不算高,同时 CMIN/DF 值为 2.252<3,CFI>0.90,这说明概念模型可以排除错误模型的可能,能够继续进行修正。

关于模型修正操作,笔者主要参考 MI 进行修正,遵循如下修正原则:第一,倘若较大的修正指标搭配较大的期望参数改变值(Par Change),则表示该参数应该被释放,因为释放的结果可以降低模型契合度的卡方值,并获得较大的参数改变。因此,首先将 MI 和期望参数改变值降序排列,从大到小依次查看,按照理论接受程度,决定是否予以释放。第二,在修正过程中,一次只能放宽一个参数,将其从固定参数改为自由参数后再重新估计模型。[①] 第三,如果模型已经适配,不必为了追求更完美的适配度指标而继续修正模型,因为过多增列会增加待估参数数量,违反简约原则。相应地,过分修正的模型,其简约适配度指标(PGFI、PNFI、PCFI)将因此受到影响,进而影响整个模型的拟合优度。

本研究在修正模型时的处理流程和逻辑思路如表 4-10 所示。

表 4-10　内群模型修正指标操作示例

提示修正路径	MI	Par Change	操作思路	是否修正
e4↔e5	31.205	0.222	"文学音乐等"与"影视综艺等"的残差项,隶属于同一潜变量"信息中介",且量表理论依据充足	是
e2↔e6	23.035	0.261	"亲朋讨论"与"网络新闻"的残差项,隶属于同一潜变量"信息中介",新闻报道本身具有社交话题效应,这已得到过相当多的研究证实	是

---

① 吴明隆.结构方程模型:AMOS 的操作与应用[M].重庆:重庆大学出版社,2010:330.

续表

提示修正路径	MI	Par Change	操作思路	是否修正
e20↔e29	15.564	0.113	"安全"与"推荐经商"的残差项,虽然选择投资经商地的基本标准之一就是"安全性",但由于它们隶属于不同潜变量,考虑到原始模型基本适配尚可,因此,对于跨越潜变量的修正指令,不予考虑	否
e15↔e24	14.429	0.105	"环境稳定"与"科技创新"的残差项,虽然经过探索性因子分析后,二者归为不同成分,但从理论经验出发,积极的经济环境与科技创新之间确实存在经验上的关联,并且二者同属于二阶构念"城市形象感知",予以修正	是
e16↔e26	13.515	0.129	"本土品牌实力强"与"历史悠久"的残差项,二者虽分属同一潜变量"城市形象感知",但理论相关性不强,虽然添加约束后,将释放 13.515 卡方值,但不予修正	否

最后,经过修正后,在整体结构方程模型的绝对适配度指标方面,CMIN/DF 值为 $1.62<3$,SRMR$=0.044<0.05$,RMSEA$=0.042<0.05$,GFI 与 CFI 指标值都大于临界值 0.90,仅 AGFI 单项指标值为 0.878,略低于临界值 0.90。根据最后的模型修正 MI 列表,虽然可以通过修正方式解决这一问题,但从整体考虑,仅有一个指标略微低于临界值,其他模型拟合指标都表现良好,研究者不再"陷入数据迷思",不再为模型增加约束而牺牲模型简约度。综合以上情况,我们可以得出结论:内群的长春形象形塑机理模型适配良好,完全可被接受。

内群模型完整标准化路径系数如图 4-3 所示。

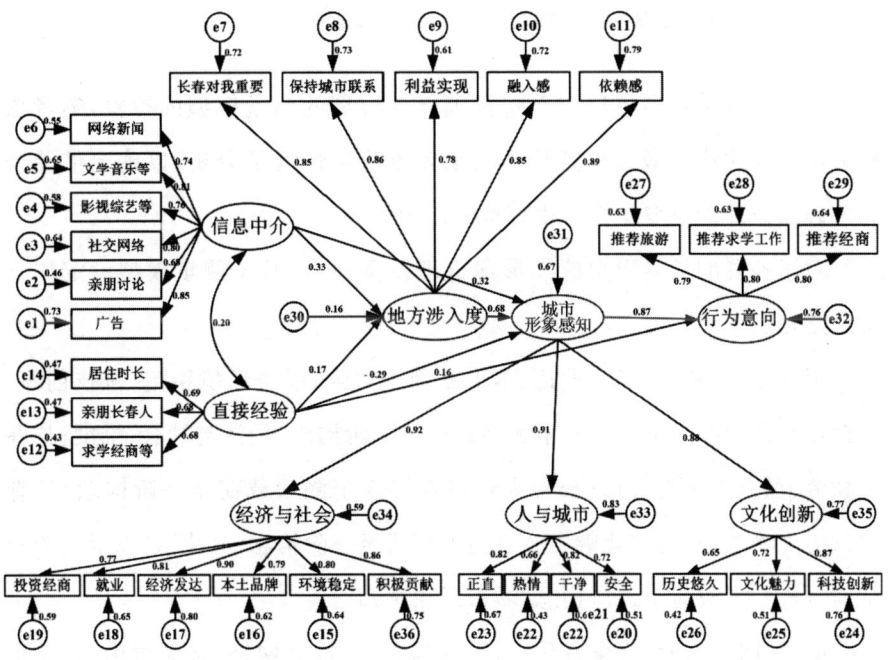

图 4-3　内群模型完整标准化路径系数

第四节　检验与分析：外群长春形象感知

对于外群的形象感知形塑机理模型而言，首先，样本中性别比例大体均衡，男性占比 53.1%（349 人），女性占比 46.9%（308 人）；其次，有关长春形象感知驱动机制各个构念的全部 30 个观测指标（内含 1 个虚拟变量）的数据偏度和峰度的绝对值都小于 2（介于 0.062 到 1.483 之间），同样符合因子分析对于数据多元正态分布的要求。关于其他无直接关联的描述性指标，具体可见本书附录 4。接下来，本研究采用与内群模型同样的研究方法、处理流程以及检验步骤，笔者在此不再赘述，仅列出外群形象感知形塑机理模型的检验结果。

一、外群模型：测量模型的效度检验及结果

对于外群长春形象感知形塑机理概念模型的测量模型的检验，笔者依然采用标准化法和最大似然估计法来完成验证性因子分析，以确定借鉴经典量表而设计的显变量能否很好地匹配数据。

对于外群的长春形象感知形塑机理模型而言，基于测量模型设定如下指定路径。

第一，适合投资、经济发达、本土品牌实力强、经济环境稳定、科技创新、教育水平高和社会福利好6个测项载荷至一阶构念"经济与社会"维度；长春人勤劳、长春人正直可信、长春人热情友好3个测项载荷至一阶构念"长春人"；历史悠久、本地文化魅力2个测项载荷至一阶构念"文化"。以上三个一阶构念进一步载荷至二阶构念"城市形象感知"。

第二，网络新闻、文学音乐等、影视综艺等、社交网络、亲朋讨论、弱关系讨论、广告7个测项载荷至一阶构念"信息中介"；造访时间、造访经历、亲朋好友来自长春3个测项载荷至一阶构念"直接经验"；愿意与长春人成为熟人、成为朋友、成为邻居、与之结婚4个测项载荷至一阶构念"社会距离"；推荐旅游、推荐求学工作、推荐经商3个测项载荷至一阶构念"行为意向"。

第三，一阶构念"信息中介""直接经验"影响二阶构念"城市形象感知"，据此加入路径指定。

第四，一阶构念"社会距离"在"信息中介—城市形象感知""直接经验—城市形象感知"两条路径中发挥中介效应，据此加入路径指定。

第五，一阶构念"直接经验"影响"行为意向"，二阶构念"城市形象感知"影响"行为意向"，均加入路径指定。

第六，所有指标的随机误差不相关。

按照理论演绎得到的模型，经过以上路径指定后，得到同时包含结构模型与测量模型的完整模型，如图4-4所示。

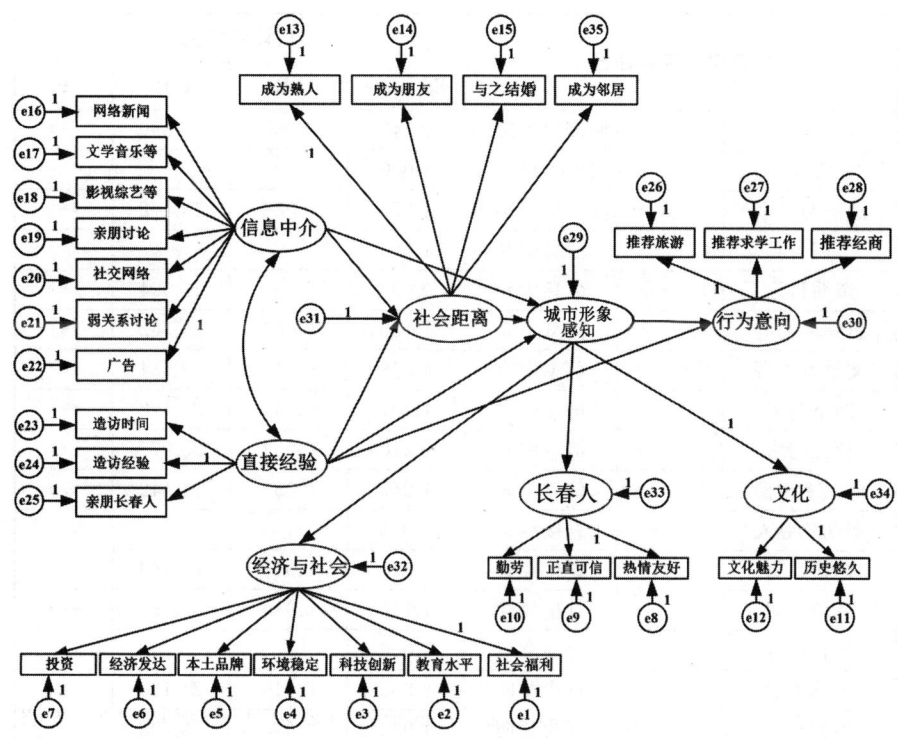

图 4-4 外群长春形象感知形塑机理初始模型

(一)建构效度:测量模型的验证性因子分析

笔者使用 Amos23.0,按照表 4-2 所示的题项与潜变量之间的测量关系,建构了验证性因子分析模型,得到分析结果,并由此获得测量模型问卷建构效度水平的判断,如表 4-11 所示。所有潜变量与测量题目之间的 C.R.值都大于临界值 2.58,所对应的置信水平 P 值都小于 0.001,说明所有测量题目与各个构念之间存在充分、显著的解释关系。测量模型得到了实证数据支持。

表 4-11 外群形象感知形塑机理测量模型收敛效度结果

外群模型变量路径			估计参数值			
			Estimate	S.E.	C.R.	P
长春人	<----	城市形象感知	0.949	0.068	13.890	***
文化	<----	城市形象感知	1.000			
经济与社会	<----	城市形象感知	1.272	0.088	14.472	***
广告	<----	信息中介	1.000			
亲朋讨论	<----	信息中介	0.999	0.055	18.094	***
影视综艺等	<----	信息中介	1.126	0.053	21.362	***
文学音乐等	<----	信息中介	1.026	0.044	23.564	***
网络新闻	<----	信息中介	1.201	0.054	22.422	***
社交网络	<----	信息中介	1.210	0.058	20.977	***
弱关系讨论	<----	信息中介	1.257	0.059	21.142	***
亲朋长春人	<----	直接经验	1.000			
造访经历	<----	直接经验	1.270	0.045	28.149	***
造访时间	<----	直接经验	1.202	0.040	30.164	***
推荐旅游	<----	行为意向	1.000			
推荐求学	<----	行为意向	0.963	0.046	21.133	***
推荐经商	<----	行为意向	1.073	0.045	23.708	***
社会福利好	<----	经济与社会	1.000			
教育水平高	<----	经济与社会	0.898	0.042	21.590	***
科技创新	<----	经济与社会	1.146	0.046	24.704	***
经济环境稳定	<----	经济与社会	0.903	0.042	21.675	***
本土品牌实力强	<----	经济与社会	1.051	0.047	22.348	***
经济发达	<----	经济与社会	1.083	0.046	23.764	***
适合投资	<----	经济与社会	1.000	0.047	21.509	***
长春人热情友好	<----	长春人	1.000			
长春人正直可信	<----	长春人	1.240	0.073	17.079	***
长春人勤劳	<----	长春人	1.272	0.074	17.109	***
历史悠久	<----	文化	1.000			
本地文化魅力	<----	文化	1.400	0.088	16.045	***
成为邻居	<----	社会距离	1.088	0.054	20.339	***
与之结婚	<----	社会距离	0.988	0.062	15.878	***
成为朋友	<----	社会距离	0.997	0.050	19.999	***
成为熟人	<----	社会距离	1.000			

(二)组合信度检验

根据每个潜变量的测量指标的标准化系数值,计算平均方差萃取量和组合信度,结果如表4-12所示。除了行为意向的组合信度为0.847(>0.7)、社会距离的组合信度为0.842(>0.7)以外,其余四个潜变量(包含一个二阶潜变量)的组合信度都大于0.9,这说明潜变量的组合信度非常理想。就AVE值而言,外群信息中介潜变量的方差萃取量为0.494,略低于临界值0.5,但信息中介各测项的因子载荷系数都在0.7以上,且问卷可靠性检验Cronbach's α系数为0.903,因此,对于略微低于临界值0.5的情况,笔者予以接受,不再调整变量。综合以上系列指标,可以得出结论:外群长春形象感知形塑机理模型的测量模型的指标适配度适宜,可以被接受。表4-13为外群测量模型最终的标准化路径系数,可以据此进行结构方程部分的理论检验。

表4-12 外群模型各构念的平均方差萃取量与构念信度

	信息中介	直接经验	社会距离	城市形象感知	行为意向
AVE	0.494	0.669	0.669	0.790	0.691
组合信度	0.931	0.918	0.842	0.919	0.847

表4-13 外群模型测量模型标准化路径系数

隶属概念	测量指标	Estimate
城市形象感知	文化	0.903
	经济与社会	0.877
	长春人	0.889
信息中介	影视综艺等	0.817
	文学音乐等	0.777
	网络新闻	0.853
	社交网络	0.809
	广告	0.753
	亲朋讨论	0.703
	弱关系讨论	0.814

续表

隶属概念	测量指标	Estimate
直接经验	造访时间	0.953
	亲朋好友来自长春	0.818
	造访经历	0.890
经济与社会	社会福利好	0.811
	教育水平高	0.754
	科技创新	0.831
	经济环境稳定	0.756
	本土品牌实力强	0.773
	经济发达	0.808
	适合投资	0.749
长春人	长春人勤劳	0.803
	长春人正直可信	0.801
	长春人热情友好	0.666
文化	历史悠久	0.659
	本地文化魅力	0.816
行为意向	推荐旅游	0.831
	推荐求学工作	0.756
	推荐经商	0.827
社会距离	我愿意与长春人成为熟人	0.753
	我愿意与长春人成为朋友	0.803
	我愿意与长春人结婚	0.641
	我愿意与长春人成为邻居	0.818

如表4-13所示,外群模型各个可测变量的标准化系数值区间为0.641—0.953,即所有测量指标的标准化系数都大于0.60,测量关系良好,符合模型拟合适配要求。结合表4-11可知,各个路径都在0.001水平上显著,估计参数中不存在负值误差方差(列S.E.值),且所有误差方差都达到显著水平。综上所述,测量模型适配良好,载荷参数亦符合要求,说明测量项目可以很

好地解释潜变量。

二、外群模型：结构模型的适配检验结果

针对外群眼中的长春城市形象，媒介信息和个人直接体验是否通过社会距离产生作用，是本章依据第三章结果和前人理论所提出的基本假设，并据此延展出针对"信息中介""直接经验""城市形象感知"等5个潜变量之间的路径假设，这是结构模型部分的指定路径。在确定测量模型符合要求、可以较好地解释潜变量以后，笔者可以据此进行结构路径的检验。

（一）潜变量直接效应假设的检验：全部成立

就潜变量直接效应假设而言，表4-14呈现了各个构念之间的路径显著度，我们可以结合图4-5来解读假设检验的结果。

表4-14 外群模型结构路径显著性

			标准化系数	Estimate	S.E.	C.R.	P
社会距离	<----	信息中介	0.308	0.286	0.043	6.706	***
社会距离	<----	直接经验	0.287	0.211	0.033	6.437	***
城市形象感知	<----	社会距离	0.730	0.489	0.041	11.839	***
城市形象感知	<----	直接经验	−0.132	−0.065	0.019	−3.411	***
城市形象感知	<----	信息中介	0.194	0.120	0.025	4.879	***
行为意向	<----	城市形象感知	0.786	1.247	0.090	13.912	***
行为意向	<----	直接经验	0.192	0.150	0.024	6.168	***

由以上数据可以得出直接效应假设的结果。H-Ⅰ：对于外群而言，城市相关媒介信息接触影响城市形象感知，获得强劲支持（路径系数0.194），且为正向显著影响。H-Ⅱ：直接经验影响城市形象感知，获得强劲支持（路径系数−0.132），这与长春内群类似，即对于外群而言，造访、求学、亲朋相处等直接经验显著负向影响了长春形象感知。H-Ⅲ：直接经验影响行为意向，获得支持（路径系数0.192），且为正向显著影响。H-Ⅳ：城市形象感知与行为意

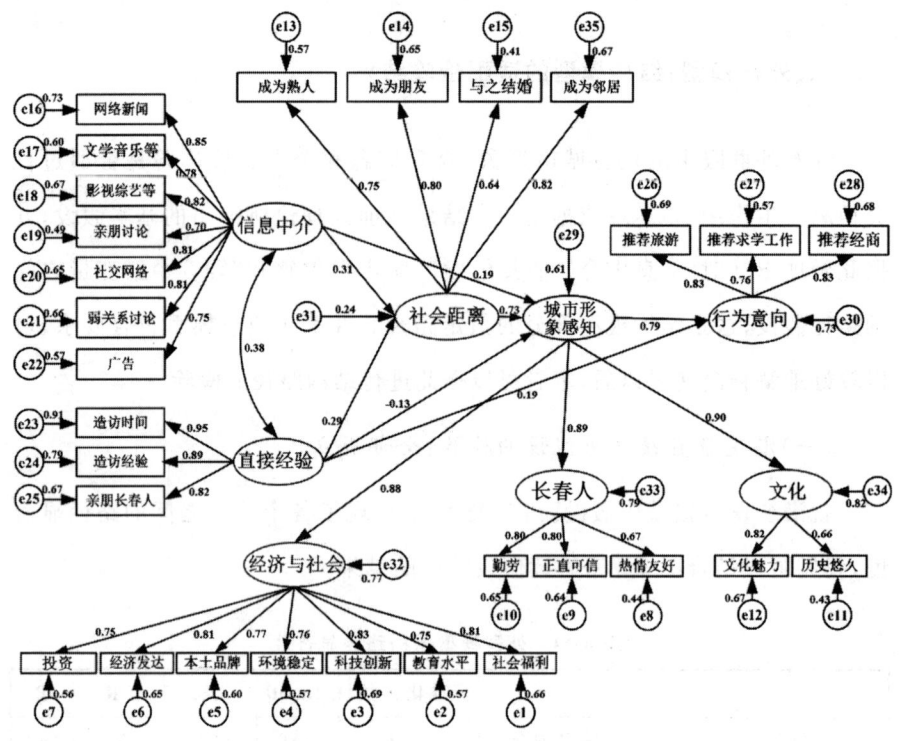

图 4-5 外群城市形象感知形塑机理模型标准化路径系数图

向相关,获得强劲支持(路径系数 0.786)。综上所述,外部模型所有直接效应假设全部成立。

(二)社会距离起到部分中介作用

本部分的中介检验,按照内群模型的中介检验流程进行操作,检验原理和操作步骤不再详述。

对于"信息中介—社会距离—城市形象感知"这条中介路径而言,由表4-15 可见,社会距离在间接中介效应 0.001 水平下显著($p<0.001$),间接效应的置信区间为 0.160—0.295,中介效应存在;就直接效应而言,直接效应显著性 $p=0.002$,在 0.01 水平下显著,置信区间为 0.097—0.292,不包括 0,说明社会距离在信息中介与城市形象感知中起到部分中介作用,假设 H-V-1

成立。

对于"直接经验—社会距离—城市形象感知"这条路径而言,如表4-15所示,社会距离的间接中介效应0.001水平下显著(p=0),间接效应的置信区间为0.144—0.282,不包括0,说明中介效应存在;直接效应在0.01水平下显著(p=0.002<0.001),置信区间为−0.222至−0.046,不包括0,说明社会距离在直接经验与城市形象感知的关系中,也起到了部分中介作用,假设H-Ⅴ-2成立。

表4-15 "社会距离"Bootstrap检验间接效应与直接效应显著度

路径	效应	Estimate	P	95%CI		结果
				Lower	Upper	
信息中介→社会距离→城市形象感知	总效应	0.418	0.000	0.211	0.604	部分中介
	直接效应	0.194	0.002	0.097	0.292	
	间接效应	0.062	0.000	0.160	0.295	
直接经验→社会距离→城市形象感知	总效应	0.078	0.000	0.091	0.388	部分中介
	直接效应	−0.132	0.002	−0.222	−0.046	
	间接效应	0.051	0.000	0.144	0.282	

综合而言,假设H-Ⅴ(对于外群而言,社会距离在媒介信息接触与城市形象感知的关系中起到中介作用)成立。

三、整体模型适配度:模型接受

在本研究中,整体结构方程模型的适配指标选择参考了内群模型的筛选思路。虽然初始模型的适配度表现尚可,但笔者仍依据模型的指标情况、MI以及理论合理性,对模型进行了进一步修正,最终得到了优化后的模型。前文所列出的参数和指标均基于修正后的模型进行呈现。修正模型的拟合指标如表4-16所示。

表 4-16　外群模型结构方程模型拟合结果

统计检验指标	初始模型	修正模型	临界值	模型适配判断
绝对适配度指标				
CMIN	1077.706	908.806		
CMIN/DF	2.961	2.539	<3	是
GFI	0.895	0.913	>0.90	是
AGFI	0.875	0.894	>0.90	略低
CFI	0.944	0.957	>0.90	是
SRMR	0.051	0.047	<0.05	是
RMSEA	0.055	0.048	<0.08 适配合理 <0.05 适配良好	是
增值适配度指标				
NFI	0.918	0.931	>0.90	是
RFI	0.909	0.922	>0.90	是
IFI	0.944	0.957	>0.90	是
TLI	0.938	0.951	>0.90	是
简约适配度指标				
PGFI	0.749	0.751	>0.50	是
PNFI	0.823	0.821	>0.50	是
PCFI	0.847	0.844	>0.50	是

由表 4-16 可见，初始模型的适配度略有不足，GFI、AGFI 略低于临界值 0.90，SRMR 为 0.051，略微高于临界值 0.05，但卡方自由度比和其他适配指标都合格，甚至部分增值适配指标表现和简约适配指标匹配结果非常理想。这说明概念模型设定合理，模型简约度通过检验，模型设定排除错误可能。为了进一步提高模型的拟合优度，笔者视 MI 修正表情况，结合理论解释，进行下一步修正。修正过程亦遵循前文所述的原则，现对修正路径示例加以说明，如表 4-17 所示。

表 4-17　外群模型修正指标操作示例

提示修正路径	MI	Par Change	操作思路	是否修正
e17↔e22	22.968	0.102	"文学音乐等"与"广告"的残差项,隶属于同一潜变量"信息中介"。在媒介融合、市场资本深入渗透内容生产的当下,被访者难以严格区分二者,可以做出合理解释	是
e8↔e11	20.519	0.088	"长春人热情友好"与"历史悠久"的残差项,隶属于共同二阶潜变量"城市形象感知",但分属于不同一阶变量,并且二者在理论和普识层面都相关性不强,因此,虽然至少可释放20.519个卡方值,但不予添加约束	否

最后,经过修正后,在整体结构方程模型的绝对适配度指标方面,CMIN/DF 为 2.539＜3,SRMR＝0.047＜0.05,RMSEA 与 SRMR 值都小于 0.05,所有适配度指标中,仅 AGFI 单项指标值为 0.894,近乎合格(临界值 0.90)。综合考虑模型拟合优度指标与标准化系数、载荷系数结果,我们可以得出结论:外群的长春形象形塑机理模型,变量间路径关系与实际调查数据有着相对良好的匹配程度,因此,笔者对模型予以接受。

第五节　本章小结

本章从群体差异视角探讨了媒介信息因素、经验以及社会心理因素对城市形象感知的影响。对于内群而言,本章验证了地方涉入度这一人地关系变量的重要性。模型证实,媒介信息接触和直接经验这两种信息类型通过地方涉入度的中介作用,对内群的城市形象感知产生影响,进而影响了内群的行动意向;对于外群而言,上述两类信息类型通过社会距离的中介效应,作用于长春形象感知,进而影响行动意向。结合两个模型的完整标准化路径系数图(图 4-3、图 4-5),本节针对二者如何形成特定的长春形象感知,模型中各个因素如何相互作用,二者又存在哪些异同,进行更加深入的探讨。

一、内外群城市形象感知影响因素的结构性作用描述

对于内群而言,从图4-3的标准化路径系数可以发现:其一,城市形象感知的三个预测变量都有显著的预测作用。其中,地方涉入度的直接预测贡献最大(0.68),个人直接经验的贡献最小,且为负向(-0.29),信息中介贡献度为0.32。其二,行为意向的两个预测变量作用力差距较大,城市形象感知的贡献最大(0.87),直接经验的预测力较弱(0.16),但依旧显著。其三,就城市形象感知的因变量效果比较而言,地方涉入度是贡献最大的预测变量。此外,就标准化总效应而言,信息中介对城市形象感知的总效应值(0.544***)为正向显著,而直接经验总效应值(-0.183***)为负向显著。

就外群而言,我们可以通过图4-5考察不同因素的作用效果。其一,信息、经验和社会距离对城市形象感知的预测都是显著的,其中,与内群模型类似,社会距离的直接预测作用最强(0.73),信息中介的预测贡献度为0.19,而直接经验的预测力度最弱(-0.13),但依然显著。其二,对行为意向的预测,城市形象感知发挥最大的效果(0.79),而亲身沉浸其中的直接经验,仅对行为意向产生不算高但显著的预测力(0.19)。其三,就外群城市形象感知的三个因变量而言,社会距离预测力最强。此外,就标准化总效应而言,信息中介对城市形象感知的总效应值为0.418***,直接经验总效应值为0.078***。

基于此,针对内群、外群两个群体的长春城市形象感知形塑机理研究而言,本章开篇所提出的假设检验结果,汇总成表4-18。

表 4-18 长春城市形象感知形塑机理研究假设及其检验结果

内群		外群	
研究假设	检验结果	研究假设	检验结果
H-1 城市相关媒介信息接触影响城市形象感知	支持	H-Ⅰ城市相关媒介信息接触影响城市形象感知	支持
H-2 直接经验影响城市形象感知	支持	H-Ⅱ直接经验影响城市形象感知	支持
H-3 直接经验影响城市相关行为意向	支持	H-Ⅲ直接经验影响城市相关行为意向	支持
H-4 城市形象感知影响城市相关行为意向	支持	H-Ⅳ城市形象感知影响城市相关行为意向	支持
H-5 地方涉入度在媒介信息接触与城市形象感知的关系中起到中介作用	支持	H-Ⅴ社会距离在媒介信息接触与城市形象感知的关系中起到中介作用	支持
H-5-1 地方涉入度在媒介信息接触与城市形象感知的关系中起到中介作用	支持	H-Ⅴ-1 社会距离在媒介信息接触与城市形象感知的关系中起到中介作用	支持
H-5-2 地方涉入度在直接经验与城市形象感知的关系中起到中介作用	支持	H-Ⅴ-2 社会距离在直接经验与城市形象感知的关系中起到中介作用	支持

二、媒介信息的作用力：效果有限，但对内群的影响更显著

在既往的城市传播领域，学者们一直关注传播效果的研究，城市传播效果研究的其中一个分支便是不同媒介信息的作用效果机制。基于此，学者们研究不同信息类型（城市形象广告片、新闻报道等）、不同内容策略（叙事结构、信息呈现方式、代言人等）、不同传播信源（发言人特性、不同媒介平台等）的信息传播效果，这在本质上都是传播效果的研究。但与传播效果研究的久远历史相比，城市传播效果的研究尚属起步阶段。本章以营销意图强弱区分了不同类型的媒介信息，比如"文学音乐等""影视综艺等"属于独立性比较强的中介，亲朋讨论、弱关系讨论属于社交媒介的范畴。但在将上述

信息类型以潜变量的形式进行模型检测时,笔者发现无法对独立信息类型进行公共维度提取。也就是说,本研究发现,在面临城市印象这样的公共话题时,而非具体个人话题(比如吸烟态度、校园停车态度,都属于个人话题),各种信息源是相当难以分离的。因此,针对最终进入模型的媒介变量,笔者没有再进行范畴分类,而是提取了公因子比较大的信息类型,作为信息中介整体因变量,进入模型检验步骤。在这种情况下,形象机制模型依然是有学术意义和实践意义的,虽然我们不能通过模型检验具体哪一种媒介来源是有帮助的、最重要的,但我们可以考察在形塑城市形象方面媒介作为整体因素到底发挥了多大的效果。从城市品牌与产品品牌的区分角度而言,媒介确实在塑造产品品牌上发挥了巨大的功效,但媒介在对城市形象的作用力上,是否也能影响如此显著?

基于如上的研究,内群和外群的形象形成模型给我们带来引人深思的答案:无论是内群还是外群,信息中介所发挥的直接预测效力是相当有限的。相较而言,信息中介对内群的作用效力更高(内群 0.32,外群 0.19),但两个模型中,媒介作为因变量的影响力都不算强劲。在本书第三章的社交网络分析部分,笔者发现了不同群体更具活力、更具体的城市传播图式,并且验证了媒介构筑的理想图景与公众心目中的"真实感知图景"的差距,这一发现和本章的结构方程模型结果不谋而合。这告诉我们:不断传递的城市相关媒介信息需要经过不同心理装置、社会政治装置的过滤,才能在城市形象感知上发挥效果。

媒介因素的作用边界要考虑到其他中介变量,在城市研究领域也是如此。本章选择地方涉入度与社会距离两个社会心理变量进行进一步验证。结果显示,虽然媒介信息的直接作用力不够强劲,但引入中介变量后,信息中介对内群和外群的城市形象总体作用效力分别达到了 0.544(未中介操作前,直接效应为 0.318)和 0.418(未中介操作前,直接效应为 0.194),分别提升了 0.226 和 0.224 的预测力。结果表明,地方涉入度和社会距离作为城市形象感知的内部驱动元素,形成了更有效的驱动力。这说明,在研究城市形象这种相对稳定的态度形成过程中,需要为信息中介这种变动性很强的因素,寻找一种相对稳定的心理内驱因素,使其与外在信息和城市形象感知同时产生联系,进一步强化媒介信息与城市形象的紧密性和稳定性。更进一步而言,如果再将个体的个性化变量、情境因素加以考量,也许会得到解释力更强、更加稳定有效的城市形象模型。

三、直接经验的作用力:经验越丰富,评价越消极

本研究发现,无论内群,还是外群,人们对长春的直接经验都预测了更加消极的城市形象。信息中介和经验是增强地区形象和熟悉度的两个重要因素,因此,本研究也对直接经验对于城市形象感知的影响效果和作用路径进行了检验。遵循同样的思路,以地区涉入度和社会距离为中介变量,直接经验对内外群的长春形象感知都产生了显著作用。然而,与之前研究者证实的正向显著影响不同,就长春而言,无论是内群还是外群,人们造访、居住、接触长春的经验越丰富,他们对长春形象的评价反而越差,内群直接经验与长春形象感知路径系数为-0.29,外群为-0.13。在经过涉入度与社会距离的中介效应后,直接经验对内群城市形象感知的评价效应,依然显著负向(-0.183),而外群对长春的评价,在中介作用下,从显著负向影响(-0.13)转变为微弱的显著正向影响(0.078)。

该研究成果值得学者和长春城市管理者深思。在旅游研究领域,造访经历、造访频次和其他相关直接经验,被反复证实能够正向影响形象评价、城市满意度或城市忠诚度。然而,本研究作为一项针对长春的个案研究,部分否定了如上假设。对于公众和市民而言,直接经验确实能显著影响城市形象感知,却是负向显著影响。本章所采用的简单结构方程模型这一方法,难以给予更透彻、全面的解释,这也是本研究的局限性所在和未来需要探索的方向。诚然,既往的研究或是针对旅游这一休闲服务属性更强的领域,或是以知名度较高的大型城市为研究对象。本研究以吉林省长春市为样本城

市,本身就具有特殊性。特别是在东北振兴的背景下,像长春这样的老工业城市亟须转型和形象更新。城市会通过广告、公关、口号,甚至文学艺术、新闻报道等独立媒介手段来提升形象,虽然在一定程度上取得了积极效果,但当本地居民和外地公众真正与长春建立起直接的、亲身的经验联系时,往往形成了更消极的城市评价。

在备受关注的城市品牌营销领域,许多研究者都在强调利用营销工具来"销售"城市。然而,西蒙·安霍尔特曾明确反对这种城市营销的理念。他认为,单纯依靠营销手段来改善城市的外在形象,会投入大量资源和预算,但实际上并没有充分的证据表明其有效性。本研究的发现也支持了西蒙·安霍尔特的观点。在城市营销被业界、政府和学者广泛关注的当下,对于部分城市而言,营销不应仅仅是一场精心策划的媒介盛宴。城市营销不能仅关注营销或非营销层面的媒介内容生产,而应真正深入到具体的城市空间和情境中,甚至需要兼顾前工业时代以产业为主的城市发展逻辑,从而提升城市竞争力,达成真正意义上的城市满意度。

第五章 总结与展望:重新理解城市形象

心理学者科克(Kock)曾直言:"形象是直觉的,难以琢磨。"[①]很多做形象研究的学者或多或少表达过对这一观点的认可,"形象"这一日常生活中如此常见的词语,可以用来指代太多社会想象和所指事物。在这样的学界共识下,立足于前人不断探索的成果,本研究尝试分析了不同群体如何感知一个城市以及缘何如此感知。

本研究利用问卷调查、社交网络数据分析与结构方程模型相结合的方法,采集了内群(N=360)和外群(N=657)对长春的城市形象感知数据以及相关媒介接触、心理变量数据,分析了不同群体间的城市形象感知异同及其深层驱动机制。对于城市形象感知的群体差异研究主要围绕长春形象图式、维度和因子几个层面,从4个角度展开,一是"内—外"群体视角,二是不同空间距离外群视角,三是不同社会距离外群视角,四是不同利益相关者角色内群视角。在对上述四类群体城市形象感知异同进行充分比对和分析的基础上,本书选定差异显著的一对群体视角——内群与外群,进一步探索信息中介、直接经验是如何通过社会心理因素对城市形象感知带来影响的,这一部分也延续了群体差异视角,从两个方面展开:一是在地方涉入度这一人地关系变量的中介作用下,信息中介和直接经验如何形塑了内群的城市形

---

① KOCK F, JOSIASSEN A, ASSAF A G. Advancing destination image: the destination content model[J]. Annals of tourism research, 2016(61): 28-44.

象感知;二是社会距离如何在外群的信息中介、直接经验方面发挥作用,最终作用于城市形象感知。在前人研究成果和理论基础之上,在丰富的实证数据支持下,本书展开了深入而细致的分析和探索,并取得了一些有价值的研究结论。

第一节 城市形象感知的群体性差异

关于城市形象感知差异的群体性差异研究,主要基于4对选定的参照群体城市形象感知数据。从感知图式的结构维度、因子构成、评价强度等几个角度切入,本研究主要得出了如下结论。

第一,内—外群体长春形象感知的合意与分野。总体而言,内群与外群基于高度类似的思维框架去评价长春,但评价的积极程度呈现显著差异。尽管在利用问卷调查法对长春形象进行结构性测量时,本研究从市民、地缘、先天资源、政府、文化等几个方面设计了问题,但在对数据进行因子提取时,最终不论是内群,还是外群,经济与社会、人与城市、文化三个共有维度达到了对整体态度的高度解释力(累积方差在60%以上)。但在具体因子的构成以及因子评价高低上,内外群存在差别,内群对长春的评价赋值整体较低,但内部分歧较大;外群对长春的评价比内群更积极,且内部差异小。换言之,就长春这一个案而言,本地人在外显态度评价上并不存在内群的偏爱倾向。

第二,空间距离远近不是城市形象感知产生差别的显著因素。在研究设计阶段,出于距离考量,笔者选择了哈尔滨、北京、上海三个距离长春由近及远的城市作为研究对象。但通过对比三个群体的长春形象感知数据,仅有少数测项呈现显著的组间差距,并且这种差距主要是由上海导致的。这说明,导致城市形象感知差距的不是空间距离,而是上海的特殊性。这一发现提醒我们,要关注空间距离这种客观因素以外的主观因素,比如文化传统、地域心理等因素。

第三,在社会心理因素社会距离划分标准下,外群眼中的长春呈现显著数据差异,并且符合距离衰减定律(社会距离越近,城市形象感知越积极;社会距离越远,城市形象感知越消极)。在信息化、全球化时代,人们如何评价一个城市,对一个城市是否有好感、疏离感,空间距离不再是主要原因,心理距离影响更为显著。通过深入分析近社会距离群体、远社会距离群体的特征分布,笔者发现,并无明显的地域偏向或年龄性别偏向。传统的营销实践(包括城市营销实践),常以地域为标准进行市场细分,进而部署媒介组合策略,本研究的研究结论提示,要警惕单纯以地域为划分标准。

第四,就差异显著的两对参照群体(内群与外群,"远—中—近"社会距离群体)而言,他们对长春的城市形象感知维度以相似性为主,经济、长春人和文化特色,是人们对长春这个城市所形成的具有相对稳定性的图式认知结构,但在每一维度下,不同群体眼中的构成因子、因子优先次序、因子内部分歧强度、因子赋值高低,这些次级结构层面呈现出或多或少、或显著或模糊的差异性。这与心理学上的图式理论不谋而合,"经济""长春人""文化特色"属于长春城市形象感知"空槽"类别结构。不同群体在提及长春时,会依据这种思维结构去展开个性化的次级联想,联想语汇网络伴随着相应的情感评价。这是符合人类心理规律的城市形象感知模式,布莱克(Black)的概念隐喻理论、奎利恩(Quillian)的语义网络模型,本质上都是用"空槽"、关系、特征、知识这种一一映射的递次结构去复原人类信息的记忆方式。[1] 既往的基于实证的城市形象研究,过于依赖研究者主观给定的城市属性表,相当于限制了受访者的思维结构,难以发现属于不同群体的个性化、鲜活的城市语汇网络。然而,本研究证实了,在"空槽—关系—特征—知识"这一心理学意义上的记忆结构中,不同群体,即使感知差异显著,也遵循着类似的"空槽"结构,并以形象共有维度的形式呈现出来。

---

[1] 黄华新.认知科学视域中隐喻的表达与理解[J].中国社会科学,2020(5):48-64,205.

第五，为了发现不同群体更具活力、更具体的城市传播图式，找到上述"空槽"结构下隐藏的"关系""特征"与"知识"，本研究基于三个不同内部利益相关者群体的微博数据，以社会网络分析和 LDA 主题模型分析的方法，从数据中自然析出了他们的长春形象感知图式。我们发现了不同群体所构筑的主题形象网络，也发现了一些具有重要意义的节点概念。比如，本书发现，虽然在结构化测量中，"经济和品牌"是解释力最强的形象维度，但在社会网络分析中，品牌企业与长春的主动的地域联系并不显著，反而是足球和影视的城市联结性更强。

此外，本书还发现，对于学生教育群体和城市形象管理机构群体而言，"党"是图式关系网络中更高范畴的节点，在媒介呈现中占据中心位置。政策传播和"宣传"是城市形象管理机构群体和学生教育群体的重要统领范畴，而它们在源地品牌群体中的痕迹并不明显。这提示研究者与实践者，要明确政府治理部门在其中发挥的作用，旅游、宣传、招商、基层社区等各个层级的城市声誉和形象管理部门，该如何建立完善的运行机制，去完成体系庞大的"城市母品牌"的建立与维系，这亦是研究者不能选择性忽视的政治性因素。

第二节　城市形象感知形塑机理的群体性差异

在第四章，本研究对隐藏在群体城市形象感知差异背后的深层驱动机制进行了探索。在本书第三章，本研究针对外群的城市形象感知形塑机理，建立了一个以社会距离为中介变量的驱动模型，用于考察信息中介与直接经验是如何对城市形象感知形成驱力，进而作用于行为意向。同时，鉴于前文发现了内群对长春形象感知的"低评价且分歧大"的特点，本研究从地方涉入度的角度加以理论阐释，并建立了一个以地方涉入度为中介变量的结构方程模型，并对理论假设加以验证。最终得到了如下研究发现。

第一,无论内群还是外群,信息中介都对他们的城市形象感知产生了虽有限但统计学意义上显著的影响力。相较而言,信息中介对内群城市形象感知的预测力度更高,二者的因果联系更加紧密,但在两个模型中,媒介作为因变量的直接影响力都不算强劲。这说明,对外传递的媒介信息其实对感知视角上的城市形象助力有限。信息必须通过其他社会心理因素的过滤方能达成更好的效果,这对于区域形象研究而言是具有一定价值的。

从学理层面而言,哲学家、社会心理学家和品牌营销专家早已给出明确的答案,人感知到的现实与媒介信息都不可能完全一致,这是因为大脑有筛选信息、组织外部刺激和处理纷杂信息的能力。这是人处理信息的生理能力,它在某种程度上"歪曲"着外部世界,也极大地提升了人们处理信息的效率。人类的认知规律告诉我们,被人们认知到的信息是可以管理和操纵的。然而,只有当有意识的管理符合客观规律的时候才带来机会,否则也会导致风险来临。本研究的发现也印证了这一点,媒介信息很难以高效的方式单独作用于个体的认知与情感,心理机制、社会因素变量和媒介信息共同发挥作用,才能呈现出更强大的效果。

虽然学理上已经成为共识,但从实践层面而言,既往很多城市在进行城市形象的传播活动时,在表达上都有生硬、过饰之嫌。早有研究者发现了我国城市在形象传播乃至国家在形象宣传中对叙事框架、符号建构等方面受众心理效果的忽视,对于这种单向度的忽视个体心理、社会心理乃至政治因素的媒介信息传播,本研究以实证形式验证了其有限的效果。有学者认为,李子柒的视频表现了中国乡村的"落后"与"贫困",但这引发了西方民众对田园生活的向往,其受众心理效果远远好于展现精英形象、精心制作的形象宣传片。近年来,层出不穷的区域传播实践案例都在告诉我们,伪饰的、脱离受众视角的媒介传播,并不能代表真实的形象感知。然而,本书在对内群,尤其是城市形象管理机构进行媒介话语网络分析时发现,其对外构筑的理想图景是相关人员的理想图景,而非基于受众视角。其中,自然有制度性因素在发挥作用,但对传播规律的忽视依然是长春在主动形象传播过程中的既存问题。对于中国数量众多的亟待转型的工业城市而言,长春并非特例,这需要我们在未来进行更深入、更全面的对比研究。

第二,本研究发现,个体与长春的直接经验显著负向作用于城市形象感知。这意味着,当内群越频繁地参与本地实践、当外群更多地到访长春,反而加速了负面印象的生成,而没有助力于形象提升,这与此前部分研究者的结论有所不同。[1] 对于实践层面而言,尤其是城市管理者而言,这是一个令人警醒的发现,声誉管理、形象管理应该建立在名副其实的城市发展基础之上。再精心雕琢的营销努力,如果没有城市发展作为保障,只能让城市形象成为独立于真实之外的"漂浮的能指"[2]。城市品牌形象传播乃至城市营销、城市传播的最终目的是吸引更多的定居者、投资者、求学者乃至其他资源,任何营销努力最终要下沉到真实的"经验接触",无论个体因为什么样的动机来到一个城市,"体验满意"才能形成持久的吸引力,这也是城市传播的目的所在。

有研究者在论及城市沟通这一概念体系时,提出了城市三级沟通理论。[3] 对于城市而言,基本沟通涵盖城市景观战略、基础设施、城市行为、组织与行政制度等方面,二级沟通(营销沟通)和三级沟通(口碑)需要与基本沟通相互作用,才能成功地建立一个区域的竞争识别力,进而直接或间接地影响区域品牌发展。我国在快速城市化的进程中,一直面临着速度与水平的矛盾,也有研究者发现了中国城市化总体格局变化不大,但城市化发展不平衡问题较为突出。1982年以来,除了东北地区以外,四大区域间的差异、域内差异都在减少。[4] 这从侧面说明了长春在整体发展上面临的困境,即使在东北振兴的语境下关注"长春形象",我们依然不可避免地受到了地区发

---

[1] ASSAKER G,VINZI V E,O'CONNOR P.Examining the effect of novelty seeking,satisfaction,and destination image on tourists' return pattern:a two factor,non-linear latent growth model[J]. Tourism management,2011,32(4):890-901.

[2] 吴予敏.论媒介形象及其生产特征[J].国际新闻界,2007(11):51-55.

[3] KAVARATZIS M.From city marketing to city branding:towards a theoretical framework for developing city brands[J].Place branding and public diplomacy,2004(1):58-73.

[4] 简新华,黄锟.中国城镇化水平和速度的实证分析与前景预测[J].经济研究,2010(3):28-39.

展水平的影响。那么,对于成百上千的面临产业转型的工业城市乃至发展更为不均衡的县域地区而言,营销和传播意义上的城市形象塑造,到底应该与区域发展之间建立什么样的逻辑关系?本书的研究已经初步证实,脱离了基本沟通的营销,其实收效甚微。以本书研究中的外群模型为例,当各种类型的媒介信息发挥了正向显著作用时(0.19),直接经验引发了负向驱力(-0.13)。对于内群而言,其也存在类似情况。因此,如果以传播效果来衡量城市沟通努力的话,长春以及与长春有着类似发展困境的城市,不应单纯去构建看似美好的媒介形象,而应花费相当多的财力、精力在城市基础发展上,以求达成媒介努力与基础城市体验的合意。

第三,从行为意向的预测角度看,城市形象感知作为一种态度,对行为(意向)产生了最为强劲的影响力。整个模型中,城市形象感知是贡献最大的一个指标。如果我们将行动意向也作为形象的一个层面去考虑(学界目前对此有争议),那么相关结论至少印证了心理学上的态度与行为关系研究的过往成果。这在当下不同的学科领域,依然具有讨论价值。碍于本书的研究问题以形象因变量的探讨为主,笔者没有在行为意向的测量和设计上做更多努力。任何城市沟通行为的落脚点都是具体的切实效果,比如吸引求学者真正来此学习、持久地吸引投资或游客。然而,既往的大量成果已经证实了态度与行为关系的复杂性,很多研究都发现了"态度与真实行为之间的直接相关程度不高"[1],但也有研究者发现,在消费、营销和政治传播领域,态度对行为的预测性比较好,而在社会问题和跨文化传播中,还有文化差异、话题性质等因素在调节二者的相关效果。因此,虽然本书发现了城市形象感知与行为意向之间的强关联,但在城市语境下,二者的关系到底如何,还需要更充分的论证。

第四,证实了地方涉入度与社会距离在驱动城市形象感知上的显著中介作用。对于内群与外群而言,虽然媒介信息的直接预测效应有限,但引入

---

[1] WICKER A W. An introduction to ecological psychology[M]. Cambridge: Cambridge University Press, 1984:32.

中介变量后，媒介信息对内外群城市形象感知的预测力都达到了0.4以上，整个模型效果趋于稳定和显著。这首先说明，本地人基于情感和功利双层维度的地方高涉入度，是一个相当有效的社会心理变量，可以很好地强化媒介传播效果，提升城市形象。基于此，城市形象管理者在城市发展过程中，应着重考虑如何加强本地人的涉入程度，为本地居民的成功、利益实现提供助力，通过文化因素达成更高的人地依赖度和融入度，这将成为长春这类城市平衡城市发展、解决形象困境时极为有力的助推器。其次，对于外群而言，社会距离是对外群城市形象感知极为有效的驱动因素，这一变量成为信息中介和直接经验影响外群长春形象感知的作用边界因素。在城市研究领域，如何有效改善外群的社会距离感知，社会距离的因变量有哪些，是未来可以进一步探讨的重要话题。

第三节　对城市形象的再思考：图式与形象

　　如本书开篇就强调的——形象是被感知的形象，它具有强烈的主观性，这种对形象本质的理解有着强烈的心理学传统。事实上，最早在形象研究领域深耕细作的学者，也多是从事心理学认知和态度测量的研究者。本书通过"大数据"与"小数据"相结合的实证方式，对区域形象群体差异进行了系统分析。在这一过程中，形象测量跳出了元素主义的离散模式，进入关系层面的探讨。通过维度、属性、因子和关系几个不同角度，我们对城市形象的理解得以更加鲜活和深入。这与心理学形象研究中的心理图式理论在逻辑路径上是完全一致的。我们有理由认为，如果将城市形象定位为被不同个体所主观感知的形象，那么心理学上的图式研究将为该领域提供深刻、充足的学术滋养。

　　那么，"形象"与"图式"在本质上有什么区别？"图式"是一个认知心理学范畴的概念，人们最早可以从皮亚杰的认知发生论找到对该词的深入解读。皮亚杰认为，人们在认识世界万物的过程中，出于简化和效率的生存本能，会对事物形成较为稳定的思维结构，这种主体认知结构就是图式。个体对接触到的信息和材料会进行选择和吸收，或者同化新生信息，将其纳入原有认知图式中去。当图式无法解释新生信息时，个体会调整图式框架，以适应新的环境。因为人类这种简化认知世界的方式，社会心理学家与认知心理学学者以充满想象力的方式将之概括为"认知吝啬"(cognitive miserliness)原则[1]，并在以后的几十年间，不断地探究这一原则发挥作用的机制。人类"认知吝啬"极其典型的表现方式，就是以图式去理解世界，为了能够以"最省力"的方式进行信息搜寻、理解和评价，不同知识和文化背景的群体会受到记忆中存储的某种由经验形成的模式或知识结构的影响，心理学称之为图式。[2] 20世纪80年代，学者对图式的理解超越了社会常识和现象层面，图式成为一种抽象且明确的学术概念，其定义也逐渐固定下来。"认知吝啬"原则的最初提出者、普林斯顿大学社会心理学家苏珊·菲斯克(Susan Fiske)的观点得到了广泛认可。她认为，图式是指长期记忆中与某一特定概念相关联且连接丰富的信息网络。

因为图式作用，人们往往会对给定事物的现实存有认知偏误。[3] 这一心理学发现"向下"影响到了人们对地方形象和群体刻板印象的理解。比如沃勒(Verlegh)在其来源国效应的研究文章中提出，"国家形象是一个与特定国家相联结的认知、情感、联想所构成的心理网络"[4]。也有研究者指出，地方

---

[1] FISKE S T,TAYLOR S E.Social cognition:from brains to culture[M].New York:Sage Publications,2013:84.
[2] BARTLETT F C.Remembering:a study in experimental and social psychology[M].Cambridge:Cambridge University Press,1954:12.
[3] EVANS J S.In two minds:dual-process accounts of reasoning[J].Trends in cognitive sciences,2003,7(10):454-459.
[4] VERLEGH P W J,STEENKAMP J,MEULENBERG M T G. Country-of-origin effects in consumer processing of advertising claims[J].International journal of research in marketing,2005,22(2):127-139.

形象是一种综合我们所知的该地特征和评价,并如图式那样激活的知识结构。① 被引用颇多的城市形象的定义指"人们对一个地方所形成的态度、观点和看法的总和",由此可见,研究者都将形象认定为基于外部事物而形成的一种认知结构方式。其中,尚克(Schank)等人相信刻板印象就是一种人类"解释、评价、记忆特定行为事件的图式",因此,在性别或种族群体的大量研究中,对刻板印象的解释也较多采用了图式的视角。

由此可见,图式与形象的含义相当类似,这种分野为何会一直保留下来,没有互为替代?学者从语用学角度给出了解释,提出不同学科在使用各个概念时,经过学科沉淀与成果积累,形成了对不同概念的推断语境。据此,可以说,图式和形象虽然本质上都是指人们在认识给定事物时所使用的知识结构,但其被使用的语境不同,其中图式在认知心理学领域中经常被使用,本书中所提到的形象则是新闻传播学、政治学乃至国际关系领域常见的概念。

在澄清了以上概念后,如果站在图式的角度再去理解本书中所提到的城市形象,即不同人群对一个地方及其人、事、物所形成的态度、观点和看法,那么城市形象研究的逻辑线索便逐步清晰:对于城市形象的研究,首先要找到形象的基本图式结构,在既往的城市研究中,经常用"构成维度"来解释这种思维结构。举例而言,当我们描述对一个城市的印象时,通常会从经济、地缘、文化特色、资源禀赋等方面进行切入,这种针对城市评价的默认思维结构,就是形象研究中经常提及的"构成维度",即回答"什么构成城市形象"这个问题。由于个体特征、动机、语境、文化背景等因素的影响,不同个体在提取、阐释这些固有维度时,会产生不一样的评价和偏重。以"动机"影响为例,不同的人在被问及"深圳形象"时,可能会从文化、经济等维度去展开阐述,但当一个人站在投资者的角度去评价深圳时,他更可能从经济维度

---

① 李贞芳,方新子,刘练.基于态度理论的国家形象及影响因素研究[J].新闻与传播评论,2015(1):1-15.

去深入思考,形成关于"投资、营商、政策、房价"等一系列由经济扩散开来的丰富多样的"联想网络"。当一个人站在求学者的角度去评价深圳时,他更倾向于提取文化教育或者历史图式,并延展出相应的联想网络。换言之,不同动机和需求的人,对城市评价的思维图式(构成维度)可能相同,但不同维度的信息联想丰度和强度、倚重程度及其评价必然是个性化的。

纵观既往的成果,形象研究展开最为深入、全面、完善的是认知心理学领域,该领域学者既关注社会因素对形象的影响,又关注个体视角,延展出了相当深入的理论成果,比如"双加工理论""认知需要理论""精细加工可能性模型""线索效用理论"等理论模型的提出和验证,都为认知心理导向的形象研究提供了学术滋养和实践引导。城市形象这一领域是在城市营销在全球流行以后才广受关注,目前学界对城市形象的研究,还没能拓展到更深的层次。学者大多关注广泛意义上的城市形象构成维度,或者将城市形象工具化,将其内嵌到城市品牌、地理研究的框架中去探讨。显然,将认知心理学那种基于个体实验的研究范式套用到城市这种复杂体系,是不合时宜的。如何在心理学等"上阶"学科中获得理论滋养,深化城市形象研究,是值得我们深入探讨的话题。

第四节 未来研究方向

尽管本书在城市形象感知群体差异及形塑机理方面的研究,形成了一些有价值的结论,但在研究过程中,笔者依然不断发现该话题的巨大延展性与研究设计局限性之间的矛盾。笔者未来继续去完善、探索的研究方向包括以下方面。

一、对城市形象情感层面的考量

在既有城市形象的研究中,有价值的成果多是基于认知形象进行考察。

近年来,伴随着社会科学的情感转向,很多研究者开始呼吁从情感角度去观察社会问题。本书在研究设计阶段就试图探索长春的城市情感形象维度,并借用了拉塞尔在 20 世纪 90 年代提出的环境情感评价理论,提炼了双维度、13 种离散情绪类型,去测量受访者在提及长春时的情绪类型及其强度。最终研究者发现,该理论在本土语境下的适应度尚须进一步探讨,比如双维度的城市情感划分,很难去解释部分群体类型(中社会距离群体、近社会距离群体)的情绪维度,因此,本书从经典的"愉悦"情感维度中分离出一个新的情感维度——"亲近"维度。但研究者在后续展开论证时发现,这种测量城市情感的方式具有以下局限性。其一,它脱离了具体话题和语境,除了考察单纯的情绪类型分布之外,难以从更深入的结构影响角度去探究城市塑造情感形象的前因及其后续影响力。城市形象传播,对于形象管理者而言,不再单纯传递关于一个城市的功能化信息,而是为了建立人群与城市的情感化的、精神上的联系。对于个体而言,任何情感或情绪的产生都是伴随具体发生情境的,只有将情感与空间、语境联合起来考虑,才能对城市研究产生更大的助力。结合本书研究发现之一,即长春直接体验与城市形象感知之间的显著负向关系,我们可以得知其中理应存在情感体验的作用力,但本书对此考察不够深入和全面,导致对这一发现的解读存在不够充分的地方。其二,根据情绪维度理论,除了情绪类别之外,还有情绪效价、情绪活力机制、情绪动机等众多可供深入探讨的方向。将情感研究的既有成果更好地融入城市形象研究乃至整个城市研究领域,是未来深入探索的方向。

二、对新媒介技术环境下的城市传播考察

本书将信息中介作为影响城市形象感知的重要因变量,但在理解城市相关信息时,其实没能脱离营销视角下的城市传播。本书对城市信息中介的考察,也局限于媒体的信息传递角色,将媒介作为城市形象传播的信息工具,忽视了传播的空间向度和非信息属性的一面。伴随着媒介技术的更迭,

尤其是移动媒体、智能媒介技术的普及,城市传播场域发生了什么变化？媒介不再是信息渠道、内容平台、公共领域,地域之间、产业之间、虚拟与现实之间的边界都在慢慢消弭,媒介回归其诞生之初的内涵——人类活动运行的基本方式(包括城市空间)。就城市信息传播而言,如果把媒介看作塑造想象的信息渠道、社会结构中的某一环节,那么像过去一样按照类型划分进行管理已经越发艰难。抛开空间与物的媒介化不谈,即使是司空见惯的大众媒介,也已经在相互融合,城市内部、区域之间已经建立了新型的传播状态。对城市的营销和推广,也要顺应这一趋势,脱离营销工具的简单组合、单纯的信息传达,进入空间、视觉、场景、行为、广告、活动等基本单元融合的阶段。然而,面对技术驱动下已经裂变的上述城市传播格局,本书对城市信息中介的内涵与外延设计仍有所欠缺,仅仅将其嵌套为媒介信息的一个类型、一个渠道来看待,并与其他信息渠道一起进行了整体性探讨。这需要笔者未来针对新媒介技术对城市形象的结构性影响进行更专门的论述。

三、复杂模型的建立与验证

城市形象传播是一个涉及社会交换与认同、传播、管理、规划等众多领域的宏大话题,随着本研究的深入,笔者越发感觉到城市形象与产品形象相比要复杂得多。既有的基于实证的城市形象传播机制研究,实则或多或少依托于品牌形象和品牌联想的营销理论,其实二者在嫁接上是有一定模糊性的。在尚未得到定论的当下,本研究和许多学者过往的研究一样,对城市传播的讨论也相对局限在传统的传播和营销领域。然而,正如前文所言,城市传播与城市形象的关系,是一个高度复杂、多视角有机融合的话题。在对二者关系进行建构的过程中,如何重现复杂社会系统的影响,并能通过实证方式加以验证,是本研究碍于能力、环境等限制未能言尽的领域。最终,本研究选择在群体感知差异视角上切入,试图发现不同群体城市形象感知在形塑过程中的内驱动力在哪里,其中的结构关系是怎样的。选择如上所述的受众感知视角,是因为探讨个体眼中的形象,与制定形象管理策略或形象塑造策略相比,对环境和制度性的社会复杂系统依赖程度较轻,这是碍于研究把控能力有限而做出的选择,也为未来研究指出了方向。

附 录

附录1：内部群体长春城市形象感知调查问卷

市民朋友：

　　您好！当您看到这份问卷时，请接受我们对您的问候和感谢。目前，我们正在进行一项关于本地居民对长春城市形象评价的研究。您将通过作答问卷来参与我们的这项研究。您的仔细填答，将帮助我们了解与您有着类似想法的其他居民朋友。调查中所涉及的每个问题，都无所谓正确与否，您的真实作答对我们的研究助益良多。

　　填答问卷所需时间大约为10—12分钟，您的问卷将被赋予便于研究所用的特殊符号，其他任何可识别的标记将被删除，通过网络填写问卷的参与者的IP地址不会被以任何形式进行保存或使用。您所提供的全部信息，仅作学术用途。

　　最后，再次感谢您的合作与帮助。

　　　　　　　　　　　　　　东北师范大学传媒科学学院（新闻学院）

第一部分:长春城市形象

Q1.请阅读下面的陈述,在下表中勾出您对相关内容的同意程度。(①完全不同意—⑤完全同意)

	完全不同意————完全同意				
	①				⑤
长春是一个求学的好地方	①	②	③	④	⑤
长春是一个适合投资和经商的地方	①	②	③	④	⑤
长春是一个适合就业的地方	①	②	③	④	⑤
长春经济发达	①	②	③	④	⑤
长春本土品牌实力强	①	②	③	④	⑤
长春是一个生产优质产品的城市	①	②	③	④	⑤
长春经济环境稳定	①	②	③	④	⑤
长春的科技创新程度高	①	②	③	④	⑤
长春的本地文化很有魅力	①	②	③	④	⑤
长春是一个历史悠久的城市	①	②	③	④	⑤
长春人热情友好	①	②	③	④	⑤
长春人的教育水平高	①	②	③	④	⑤
长春是一个干净的城市	①	②	③	④	⑤
长春是一个安全的城市	①	②	③	④	⑤
长春的社会福利好	①	②	③	④	⑤
长春政府的治理主动性很强	①	②	③	④	⑤
长春政府的治理是卓有成效的	①	②	③	④	⑤
长春文化显著影响着其他地方的人们	①	②	③	④	⑤
长春人是勤劳的	①	②	③	④	⑤
长春人是正直可信的	①	②	③	④	⑤
长春企业对本省和全国做出了积极贡献	①	②	③	④	⑤
在长春很容易找到令人满意且负担得起的住房	①	②	③	④	⑤
长春交通便利	①	②	③	④	⑤
长春医疗卫生服务好	①	②	③	④	⑤

Q2. 当想到吉林省长春市时,您的情绪感受是什么?阅读下列关于情感类型的陈述,在合适的位置加以标注。

	完全不同意 ①				完全同意 ⑤
孤独—热情	①	②	③	④	⑤
冷漠—亲切	①	②	③	④	⑤
不满—满足	①	②	③	④	⑤
沉睡—兴奋	①	②	③	④	⑤
失望—希望	①	②	③	④	⑤
沮丧—高兴	①	②	③	④	⑤
暗淡—漂亮	①	②	③	④	⑤
消极—乐观	①	②	③	④	⑤
难看—美丽	①	②	③	④	⑤
冷静—吃惊	①	②	③	④	⑤
安全—刺激	①	②	③	④	⑤
舒适—不安	①	②	③	④	⑤
平稳—动荡	①	②	③	④	⑤

第二部分:关于长春的信息来源。 请您根据自己的想法,在合适的位置标注"√"

Q3. 最近6个月,您在哪些媒介来源上看到过有关长春的信息或发生在长春的事情?接触频次为?

	没有	1—3次	4—6次	7—9次	10次以上
传统媒体新闻报道(报刊、广播、电视)	①	②	③	④	⑤
网络新闻报道	①	②	③	④	⑤
文学、音乐、体育、舞蹈、纪录片	①	②	③	④	⑤
电影、电视剧、综艺节目、网络游戏	①	②	③	④	⑤
朋友和家人的讨论	①	②	③	④	⑤
社交网络(如微博、微信)	①	②	③	④	⑤
网友、陌生人等弱关系讨论	①	②	③	④	⑤
旅游广告、产品广告等营销类信息	①	②	③	④	⑤

第三部分：与长春的关系

Q4. 请阅读下面的陈述，并勾出您的同意程度。（①完全不同意—⑤完全同意）

	完全不同意————————完全同意				
	①				⑤
对我来说，长春是一个很重要的城市	①	②	③	④	⑤
和长春保持联系对我很有意义	①	②	③	④	⑤
我很依赖长春这个城市	①	②	③	④	⑤
长春对我的成功至关重要	①	②	③	④	⑤
长春对我的利益实现至关重要	①	②	③	④	⑤
我很融入长春这个城市	①	②	③	④	⑤

第四部分：长春个人经验。请您根据自己的想法，在合适的位置标注"√"

Q5. 您在长春居住多久了？

①1年以内　②1年—3年　③3年—5年　④5年—10年　⑤10年以上

Q6. 您有多少亲密朋友或家人是长春人？

①少于5个　②6—10个　③10—20个　④21—29个　⑤30个以上

Q7. 最近6个月，您有在长春求学或学习的经历吗？①无　②有

Q8. 最近6个月，您有在长春创业的经历吗？①无　②有

Q9. 最近6个月，您有和长春人投资经商的经历吗？①无　②有

Q10. 最近6个月，您有参加过长春政府举办的大型活动（节庆、晚会、赛事、博览会）吗？①无　②有

第五部分：行为意向

Q11.请您根据自己的想法,在合适的位置标注"√"。

	完全不同意————完全同意				
	①				⑤
我会推荐别人到长春旅游	①	②	③	④	⑤
我会推荐别人到长春求学或工作	①	②	③	④	⑤
我会推荐别人到长春投资或经商	①	②	③	④	⑤

第六部分：个人情况统计

Q12.您的性别？男（ ）女（ ）

Q13.您处于哪个年龄阶段？

①18—24岁　②25—30岁　③31—40岁　④41—50岁　⑤51—60岁　⑥61岁以上

Q14.您的学历情况是？

①小学毕业或以下　②初中、高中毕业　③中专或职高　④大专毕业　⑤大学本科（硕士及以上）

附录2：外部群体长春城市形象感知调查问卷

尊敬的受访者：

您好！当您看到这份问卷时，请接受我们对您的问候和感谢。目前，我们正在进行一项关于您所在城市对长春形象评价的研究。您将通过作答问卷来参与我们的这项研究。您的仔细填答，将帮助我们了解与您有着类似想法的其他居民朋友。调查中所涉及的每个问题，都无所谓正确与否，您的真实作答对我们的研究助益良多。

填答问卷所需时间大约为10—12分钟，您的问卷将被赋予便于研究所用的特殊符号，其他任何可识别的标记将被删除，通过网络填写问卷的参与者的IP地址不会被以任何形式进行保存或使用。您所提供的全部信息，仅作学术用途。

最后，再次感谢您的合作与帮助。

东北师范大学传媒科学学院（新闻学院）

第一部分:长春城市形象

Q1.请阅读下面的陈述,在下表中勾出您对相关内容的同意程度。
(①完全不同意—⑤完全同意)

	完全不同意————完全同意				
	①				⑤
长春是一个求学的好地方	①	②	③	④	⑤
长春是一个适合投资和经商的地方	①	②	③	④	⑤
长春是一个适合就业的地方	①	②	③	④	⑤
长春经济发达	①	②	③	④	⑤
长春本土品牌实力强	①	②	③	④	⑤
长春是一个生产优质产品的城市	①	②	③	④	⑤
长春经济环境稳定	①	②	③	④	⑤
长春的科技创新程度高	①	②	③	④	⑤
长春的本地文化很有魅力	①	②	③	④	⑤
长春是一个历史悠久的城市	①	②	③	④	⑤
长春文化活动丰富	①	②	③	④	⑤
长春人热情友好	①	②	③	④	⑤
长春人的教育水平高	①	②	③	④	⑤
长春是一个干净的城市	①	②	③	④	⑤
长春是一个安全的城市	①	②	③	④	⑤
长春的社会福利好	①	②	③	④	⑤
长春政府的治理主动性很强	①	②	③	④	⑤
长春政府的治理是卓有成效的	①	②	③	④	⑤
长春文化显著影响着其他地方的人们	①	②	③	④	⑤
长春人是勤劳的	①	②	③	④	⑤
长春人是正直可信的	①	②	③	④	⑤
长春企业对本省和全国做出了积极贡献	①	②	③	④	⑤
在长春很容易找到令人满意且负担得起的住房	①	②	③	④	⑤
长春交通便利	①	②	③	④	⑤
长春医疗卫生服务好	①	②	③	④	⑤

Q2. 当想到吉林省长春市时,您的情绪感受是什么? 阅读下列关于情感类型的陈述,在合适的位置加以标注。

	完全不同意 —————————— 完全同意				
	①				⑤
孤独—热情	①	②	③	④	⑤
冷漠—亲切	①	②	③	④	⑤
不满—满足	①	②	③	④	⑤
沉睡—兴奋	①	②	③	④	⑤
失望—希望	①	②	③	④	⑤
沮丧—高兴	①	②	③	④	⑤
暗淡—漂亮	①	②	③	④	⑤
消极—乐观	①	②	③	④	⑤
难看—美丽	①	②	③	④	⑤
冷静—吃惊	①	②	③	④	⑤
安全—刺激	①	②	③	④	⑤
舒适—不安	①	②	③	④	⑤
平稳—动荡	①	②	③	④	⑤

第二部分:关于长春的信息来源。 请您根据自己的想法,在合适的位置标注"√"

Q3. 最近6个月,您在哪些媒介来源上看到过有关长春的信息或发生在长春的事情? 接触频次为多少?

	没有	1—3次	4—6次	7—9次	10次以上
传统媒体新闻报道(报刊、广播、电视)	①	②	③	④	⑤
网络新闻报道	①	②	③	④	⑤
文学、音乐、体育、舞蹈、纪录片	①	②	③	④	⑤
电影、电视剧、综艺节目、网络游戏	①	②	③	④	⑤
朋友和家人的讨论	①	②	③	④	⑤
社交网络(如微博、微信)	①	②	③	④	⑤
网友、陌生人等弱关系讨论	①	②	③	④	⑤
旅游广告、产品广告等营销类信息	①	②	③	④	⑤

第三部分：与长春的关系

Q4. 请阅读下面的陈述,并勾出您的同意程度。(①完全不同意—⑤完全同意)

	完全不同意————————完全同意				
	①				⑤
我愿意与长春人结婚	①	②	③	④	⑤
我愿意与长春人成为邻居	①	②	③	④	⑤
我愿意与长春人成为朋友	①	②	③	④	⑤
我愿意与长春人成为熟人	①	②	③	④	⑤

第四部分：长春个人经验。请您根据自己的想法,在合适的位置标注"√"

Q5. 您在长春待过多久?

①没有　②0—7天　③8—30天　④2—6个月　⑤7—12个月　⑥1年以上

Q6. 您有多少同事、同学、朋友或家人是长春人?

①少于3个　②4—10个　③11—19个　④20—29个　⑤30个以上

Q7. 您有在长春求学的经历吗?　①无　②有

Q8. 您有在长春工作的经历吗?　①无　②有

Q9. 您有和长春人经商的经历吗?　①无　②有

Q10. 您有在长春投资的经历吗?　①无　②有

第五部分：行为意向

Q11. 请您根据自己的想法,在合适的位置标注"√"。

	完全不同意————————完全同意				
	①				⑤
我会推荐别人到长春旅游	①	②	③	④	⑤
我会推荐别人到长春求学或工作	①	②	③	④	⑤
我会推荐别人到长春经商	①	②	③	④	⑤

第六部分：个人情况统计

Q12.您的性别？男（　）女（　）

Q13.您处于哪个年龄阶段？

①18—24岁　②25—30岁　③31—40岁　④41—50岁　⑤51—60岁　⑥61岁以上

Q14.您的学历情况是？

①小学毕业或以下　②初中、高中毕业　③中专或职高　④大专毕业　⑤大学本科　⑥硕士及以上

附录 3：不同空间距离群体长春认知形象感知多重比较结果

因变量	(I) city		(J) city	平均值差值 (I—J)	标准误差	显著性	95%置信区间	
							下限	上限
长春是一个求学的好地方	塔姆黑尼	上海	北京	0.25595*	0.09060	0.015	0.0388	0.4731
			哈尔滨	0.33707*	0.08549	0.000	0.1322	0.5420
		北京	上海	−0.25595*	0.09060	0.015	−0.4731	−0.0388
			哈尔滨	0.08112	0.09337	0.768	−0.1427	0.3049
		哈尔滨	上海	−0.33707*	0.08549	0.000	−0.5420	−0.1322
			北京	−0.08112	0.09337	0.768	−0.3049	0.1427
长春是一个适合投资和经商的地方	塔姆黑尼	上海	北京	0.37708*	0.10080	0.001	0.1355	0.6187
			哈尔滨	0.33058*	0.09445	0.002	0.1042	0.5570
		北京	上海	−0.37708*	0.10080	0.001	−0.6187	−0.1355
			哈尔滨	−0.04650	0.10306	0.958	−0.2935	0.2005
		哈尔滨	上海	−0.33058*	0.09445	0.002	−0.5570	−0.1042
			北京	0.04650	0.10306	0.958	−0.2005	0.2935
长春是一个适合就业的地方	塔姆黑尼	上海	北京	0.44107*	0.10189	0.000	0.1968	0.6853
			哈尔滨	0.31339*	0.09537	0.003	0.0848	0.5420
		北京	上海	−0.44107*	0.10189	0.000	−0.6853	−0.1968
			哈尔滨	−0.12768	0.10392	0.525	−0.3768	0.1214
		哈尔滨	上海	−0.31339*	0.09537	0.003	−0.5420	−0.0848
			北京	0.12768	0.10392	0.525	−0.1214	0.3768
长春经济发达	邦弗伦尼	上海	北京	0.362798*	0.100568	0.001	0.12142	0.60418
			哈尔滨	0.208670	0.100677	0.116	−0.03297	0.45031
		北京	上海	−0.362798*	0.100568	0.001	−0.60418	−0.12142
			哈尔滨	−0.154128	0.099043	0.360	−0.39185	0.08359
		哈尔滨	上海	−0.208670	0.100677	0.116	−0.45031	0.03297
			北京	0.154128	0.099043	0.360	−0.08359	0.39185

续表

因变量		(I) city	(J) city	平均值差值 (I—J)	标准误差	显著性	95％置信区间	
							下限	上限
长春本土品牌实力强	塔姆黑尼	上海	北京	0.25655*	0.10320	0.039	0.0092	0.5039
			哈尔滨	0.04326	0.09902	0.962	−0.1941	0.2806
		北京	上海	−0.25655*	0.10320	0.039	−0.5039	−0.0092
			哈尔滨	−0.21328	0.10321	0.113	−0.4607	0.0341
		哈尔滨	上海	−0.04326	0.09902	0.962	−0.2806	0.1941
			北京	0.21328	0.10321	0.113	−0.0341	0.4607
长春经济环境稳定	塔姆黑尼	上海	北京	0.38244*	0.08999	0.000	0.1667	0.5981
			哈尔滨	0.23116*	0.08452	0.019	0.0286	0.4338
		北京	上海	−0.38244*	0.08999	0.000	−0.5981	−0.1667
			哈尔滨	−0.15129	0.09118	0.266	−0.3698	0.0673
		哈尔滨	上海	−0.23116*	0.08452	0.019	−0.4338	−0.0286
			北京	0.15129	0.09118	0.266	−0.0673	0.3698
长春的科技创新程度高	塔姆黑尼	上海	北京	0.38571*	0.10206	0.001	0.1411	0.6304
			哈尔滨	0.12851	0.10066	0.493	−0.1128	0.3698
		北京	上海	−0.38571*	0.10206	0.001	−0.6304	−0.1411
			哈尔滨	−0.25721*	0.10519	0.044	−0.5093	−0.0051
		哈尔滨	上海	−0.12851	0.10066	0.493	−0.3698	0.1128
			北京	0.25721*	0.10519	0.044	0.0051	0.5093
长春人是勤劳的	塔姆黑尼	上海	北京	0.19315	0.08694	0.078	−0.0153	0.4016
			哈尔滨	0.28266*	0.08116	0.002	0.0881	0.4772
		北京	上海	−0.19315	0.08694	0.078	−0.4016	0.0153
			哈尔滨	0.08951	0.09178	0.699	−0.1305	0.3095
		哈尔滨	上海	−0.28266*	0.08116	0.002	−0.4772	−0.0881
			北京	−0.08951	0.09178	0.699	−0.3095	0.1305

续表

因变量		(I) city	(J) city	平均值差值 (I—J)	标准误差	显著性	95%置信区间	
							下限	上限
长春人是正直可信的	邦弗伦尼	上海	北京	0.20268	0.08583	0.056	−0.0033	0.4087
		上海	哈尔滨	0.23837*	0.08593	0.017	0.0321	0.4446
		北京	上海	−0.20268	0.08583	0.056	−0.4087	0.0033
		北京	哈尔滨	0.03569	0.08453	1.000	−0.1672	0.2386
		哈尔滨	上海	−0.23837*	0.08593	0.017	−0.4446	−0.0321
		哈尔滨	北京	−0.03569	0.08453	1.000	−0.2386	0.1672
长春人的教育水平高	塔姆黑尼	上海	北京	0.25238*	0.08795	0.013	0.0415	0.4632
		上海	哈尔滨	0.26295*	0.08521	0.006	0.0587	0.4672
		北京	上海	−0.25238*	0.08795	0.013	−0.4632	−0.0415
		北京	哈尔滨	0.01057	0.09290	0.999	−0.2121	0.2332
		哈尔滨	上海	−0.26295*	0.08521	0.006	−0.4672	−0.0587
		哈尔滨	北京	−0.01057	0.09290	0.999	−0.2332	0.2121
长春交通便利	邦弗伦尼	上海	北京	0.17917	0.08918	0.135	−0.0349	0.3932
		上海	哈尔滨	0.30004*	0.08928	0.002	0.0858	0.5143
		北京	上海	−0.17917	0.08918	0.135	−0.3932	0.0349
		北京	哈尔滨	0.12088	0.08783	0.508	−0.0899	0.3317
		哈尔滨	上海	−0.30004*	0.08928	0.002	−0.5143	−0.0858
		哈尔滨	北京	−0.12088	0.08783	0.508	−0.3317	0.0899

* 平均值差值的显著性水平为 0.05。

附录4：不同社会距离群体长春认知形象感知多重比较结果

因变量	(I) 社会距离虚拟（分箱化）	(J) 社会距离虚拟（分箱化）	平均值差值（I—J）	标准误差	显著性	95％置信区间	
						下限	上限
长春是一个求学的好地方	邦弗伦尼	远≤3.4	中 3.4—4.2	−0.53423*	0.08223	0.000	−0.7316	−0.3369
			近 4.2+	−0.81792*	0.08818	0.000	−1.0296	−0.6063
		中 3.4—4.2	远≤3.4	0.53423*	0.08223	0.000	0.3369	0.7316
			近 4.2+	−0.28370*	0.08761	0.004	−0.4940	−0.0734
		近 4.2+	远≤3.4	0.81792*	0.08818	0.000	0.6063	1.0296
			中 3.4—4.2	0.28370*	0.08761	0.004	0.0734	0.4940
	塔姆黑尼	远≤3.4	中 3.4—4.2	−0.53423*	0.08442	0.000	−0.7366	−0.3319
			近 4.2+	−0.81792*	0.09021	0.000	−1.0342	−0.6017
		中 3.4—4.2	远≤3.4	0.53423*	0.08442	0.000	0.3319	0.7366
			近 4.2+	−0.28370*	0.08131	0.002	−0.4787	−0.0887
		近 4.2+	远≤3.4	0.81792*	0.09021	0.000	0.6017	1.0342
			中 3.4—4.2	0.28370*	0.08131	0.002	0.0887	0.4787
长春是一个适合投资和经商的地方	邦弗伦尼	远≤3.4	中 3.4—4.2	−0.68775*	0.09023	0.000	−0.9043	−0.4712
			近 4.2+	−0.94337*	0.09676	0.000	−1.1756	−0.7111
		中 3.4—4.2	远≤3.4	0.68775*	0.09023	0.000	0.4712	0.9043
			近 4.2+	−0.25562*	0.09613	0.024	−0.4864	−0.0249
		近 4.2+	远≤3.4	0.94337*	0.09676	0.000	0.7111	1.1756
			中 3.4—4.2	0.25562*	0.09613	0.024	0.0249	0.4864
	塔姆黑尼	远≤3.4	中 3.4—4.2	−0.68775*	0.09052	0.000	−0.9047	−0.4708
			近 4.2+	−0.94337*	0.09988	0.000	−1.1828	−0.7039
		中 3.4—4.2	远≤3.4	0.68775*	0.09052	0.000	0.4708	0.9047
			近 4.2+	−0.25562*	0.09288	0.018	−0.4784	−0.0329
		近 4.2+	远≤3.4	0.94337*	0.09988	0.000	0.7039	1.1828
			中 3.4—4.2	0.25562*	0.09288	0.018	0.0329	0.4784

续表

因变量	(I) 社会距离虚拟（分箱化）	(J) 社会距离虚拟（分箱化）	平均值差值 (I—J)	标准误差	显著性	95％置信区间	
						下限	上限
长春是个适合就业的地方	邦弗伦尼	远≤3.4	中 3.4—4.2	−0.72629*	0.09001	0.000	−0.9423	−0.5102
			近 4.2+	−1.04803*	0.09652	0.000	−1.2797	−0.8164
		中 3.4—4.2	远≤3.4	0.72629*	0.09001	0.000	0.5102	0.9423
			近 4.2+	−0.32174*	0.09590	0.003	−0.5519	−0.0916
		近 4.2+	远≤3.4	1.04803*	0.09652	0.000	0.8164	1.2797
			中 3.4—4.2	0.32174*	0.09590	0.003	0.0916	0.5519
	塔姆黑尼	远≤3.4	中 3.4—4.2	−0.72629*	0.09130	0.000	−0.9451	−0.5075
			近 4.2+	−1.04803*	0.09641	0.000	−1.2792	−0.8169
		中 3.4—4.2	远≤3.4	0.72629*	0.09130	0.000	0.5075	0.9451
			近 4.2+	−0.32174*	0.09340	0.002	−0.5457	−0.0978
		近 4.2+	远≤3.4	1.04803*	0.09641	0.000	0.8169	1.2792
			中 3.4—4.2	0.32174*	0.09340	0.002	0.0978	0.5457
长春经济发达	邦弗伦尼	远≤3.4	中 3.4—4.2	−0.627665*	0.090734	0.000	−0.84544	−0.40989
			近 4.2+	−0.921324*	0.097298	0.000	−1.15486	−0.68779
		中 3.4—4.2	远≤3.4	0.627665*	0.090734	0.000	0.40989	0.84544
			近 4.2+	−0.293659*	0.096670	0.007	−0.52568	−0.06164
		近 4.2+	远≤3.4	0.921324*	0.097298	0.000	0.68779	1.15486
			中 3.4—4.2	0.293659*	0.096670	0.007	0.06164	0.52568
	塔姆黑尼	远≤3.4	中 3.4—4.2	−0.627665*	0.092455	0.000	−0.84921	−0.40612
			近 4.2+	−0.921324*	0.095947	0.000	−1.15137	−0.69128
		中 3.4—4.2	远≤3.4	0.627665*	0.092455	0.000	0.40612	0.84921
			近 4.2+	−0.293659*	0.094323	0.006	−0.51982	−0.06750
		近 4.2+	远≤3.4	0.921324*	0.095947	0.000	0.69128	1.15137
			中 3.4—4.2	0.293659*	0.094323	0.006	0.06750	0.51982

续表

因变量	(I) 社会距离虚拟（分箱化）	(J) 社会距离虚拟（分箱化）	平均值差值 (I—J)	标准误差	显著性	95%置信区间	
						下限	上限
长春本土品牌实力强	邦弗伦尼	远≤3.4	中 3.4—4.2	−0.66962*	0.09082	0.000	−0.8876	−0.4516
			近 4.2+	−1.02741*	0.09739	0.000	−1.2611	−0.7937
		中 3.4—4.2	远≤3.4	0.66962*	0.09082	0.000	0.4516	0.8876
			近 4.2+	−0.35779*	0.09676	0.001	−0.5900	−0.1256
		近 4.2+	远≤3.4	1.02741*	0.09739	0.000	0.7937	1.2611
			中 3.4—4.2	0.35779*	0.09676	0.001	0.1256	0.5900
	塔姆黑尼	远≤3.4	中 3.4—4.2	−0.66962*	0.09036	0.000	−0.8862	−0.4531
			近 4.2+	−1.02741*	0.10065	0.000	−1.2688	−0.7861
		中 3.4—4.2	远≤3.4	0.66962*	0.09036	0.000	0.4531	0.8862
			近 4.2+	−0.35779*	0.09490	0.001	−0.5854	−0.1302
		近 4.2+	远≤3.4	1.02741*	0.10065	0.000	0.7861	1.2688
			中 3.4—4.2	0.35779*	0.09490	0.001	0.1302	0.5854
长春是一个生产优质产品的城市	邦弗伦尼	远≤3.4	中 3.4—4.2	−0.69794*	0.08476	0.000	−0.9014	−0.4945
			近 4.2+	−0.93182*	0.09089	0.000	−1.1500	−0.7137
		中 3.4—4.2	远≤3.4	0.69794*	0.08476	0.000	0.4945	0.9014
			近 4.2+	−0.23388*	0.09030	0.029	−0.4506	−0.0171
		近 4.2+	远≤3.4	0.93182*	0.09089	0.000	0.7137	1.1500
			中 3.4—4.2	0.23388*	0.09030	0.029	0.0171	0.4506
	塔姆黑尼	远≤3.4	中 3.4—4.2	−0.69794*	0.08544	0.000	−0.9027	−0.4932
			近 4.2+	−0.93182*	0.09511	0.000	−1.1599	−0.7038
		中 3.4—4.2	远≤3.4	0.69794*	0.08544	0.000	0.4932	0.9027
			近 4.2+	−0.23388*	0.08524	0.019	−0.4383	−0.0294
		近 4.2+	远≤3.4	0.93182*	0.09511	0.000	0.7038	1.1599
			中 3.4—4.2	0.23388*	0.08524	0.019	0.0294	0.4383

续表

因变量	(I) 社会距离虚拟（分箱化）	(J) 社会距离虚拟（分箱化）	平均值差值 (I-J)	标准误差	显著性	95%置信区间	
						下限	上限
长春企业对本省和全国做出了积极贡献	邦弗伦尼	远≤3.4	中 3.4-4.2	-0.58448*	0.07967	0.000	-0.7757	-0.3933
			近 4.2+	-0.82107*	0.08543	0.000	-1.0261	-0.6160
		中 3.4-4.2	远≤3.4	0.58448*	0.07967	0.000	0.3933	0.7757
			近 4.2+	-0.23659*	0.08488	0.016	-0.4403	-0.0329
		近 4.2+	远≤3.4	0.82107*	0.08543	0.000	0.6160	1.0261
			中 3.4-4.2	0.23659*	0.08488	0.016	0.0329	0.4403
	塔姆黑尼	远≤3.4	中 3.4-4.2	-0.58448*	0.08202	0.000	-0.7811	-0.3878
			近 4.2+	-0.82107*	0.09029	0.000	-1.0375	-0.6046
		中 3.4-4.2	远≤3.4	0.58448*	0.08202	0.000	0.3878	0.7811
			近 4.2+	-0.23659*	0.07553	0.006	-0.4178	-0.0554
		近 4.2+	远≤3.4	0.82107*	0.09029	0.000	0.6046	1.0375
			中 3.4-4.2	0.23659*	0.07553	0.006	0.0554	0.4178
长春经济环境稳定	邦弗伦尼	远≤3.4	中 3.4-4.2	-0.72282*	0.07742	0.000	-0.9086	-0.5370
			近 4.2+	-1.01992*	0.08302	0.000	-1.2192	-0.8207
		中 3.4-4.2	远≤3.4	0.72282*	0.07742	0.000	0.5370	0.9086
			近 4.2+	-0.29710*	0.08248	0.001	-0.4951	-0.0991
		近 4.2+	远≤3.4	1.01992*	0.08302	0.000	0.8207	1.2192
			中 3.4-4.2	0.29710*	0.08248	0.001	0.0991	0.4951
	塔姆黑尼	远≤3.4	中 3.4-4.2	-0.72282*	0.07982	0.000	-0.9142	-0.5315
			近 4.2+	-1.01992*	0.08586	0.000	-1.2258	-0.8141
		中 3.4-4.2	远≤3.4	0.72282*	0.07982	0.000	0.5315	0.9142
			近 4.2+	-0.29710*	0.07493	0.000	-0.4768	-0.1174
		近 4.2+	远≤3.4	1.01992*	0.08586	0.000	0.8141	1.2258
			中 3.4-4.2	0.29710*	0.07493	0.000	0.1174	0.4768

续表

因变量	(I) 社会距离虚拟（分箱化）	(J) 社会距离虚拟（分箱化）	平均值差值(I—J)	标准误差	显著性	95%置信区间	
						下限	上限
长春的科技创新程度高	邦弗伦尼	远≤3.4	中 3.4—4.2	−0.82171*	0.09099	0.000	−1.0401	−0.6033
			近 4.2+	1.06265*	0.09758	0.000	1.2968	0.8285
		中 3.4—4.2	远≤3.4	0.82171*	0.09099	0.000	0.6033	1.0401
			近 4.2+	−0.24094*	0.09695	0.040	−0.4736	−0.0083
		近 4.2+	远≤3.4	1.06265*	0.09758	0.000	0.8285	1.2968
			中 3.4—4.2	0.24094*	0.09695	0.040	0.0083	0.4736
	塔姆黑尼	远≤3.4	中 3.4—4.2	−0.82171*	0.09234	0.000	−1.0430	−0.6004
			近 4.2+	−1.06265*	0.10015	0.000	−1.3028	−0.8225
		中 3.4—4.2	远≤3.4	0.82171*	0.09234	0.000	0.6004	1.0430
			近 4.2+	−0.24094*	0.09199	0.027	−0.4616	−0.0203
		近 4.2+	远≤3.4	1.06265*	0.10015	0.000	0.8225	1.3028
			中 3.4—4.2	0.24094*	0.09199	0.027	0.0203	0.4616
长春的本地文化很有魅力	邦弗伦尼	远≤3.4	中 3.4—4.2	−0.69077*	0.08766	0.000	−0.9012	−0.4804
			近 4.2+	−0.99729*	0.09400	0.000	−1.2229	−0.7717
		中 3.4—4.2	远≤3.4	0.69077*	0.08766	0.000	0.4804	0.9012
			近 4.2+	−0.30652*	0.09339	0.003	−0.5307	−0.0824
		近 4.2+	远≤3.4	0.99729*	0.09400	0.000	0.7717	1.2229
			中 3.4—4.2	0.30652*	0.09339	0.003	0.0824	0.5307
	塔姆黑尼	远≤3.4	中 3.4—4.2	−0.69077*	0.09148	0.000	−0.9101	−0.4715
			近 4.2+	−0.99729*	0.09610	0.000	−1.2277	−0.7669
		中 3.4—4.2	远≤3.4	0.69077*	0.09148	0.000	0.4715	0.9101
			近 4.2+	−0.30652*	0.08339	0.001	−0.5065	−0.1066
		近 4.2+	远≤3.4	0.99729*	0.09610	0.000	0.7669	1.2277
			中 3.4—4.2	0.30652*	0.08339	0.001	0.1066	0.5065

续表

因变量	(I)社会距离虚拟(分箱化)	(J)社会距离虚拟(分箱化)	平均值差值(I—J)	标准误差	显著性	95％置信区间 下限	95％置信区间 上限
长春是一个历史悠久的城市	邦弗伦尼 远≤3.4	中 3.4—4.2	−0.52888*	0.07950	0.000	−0.7197	−0.3381
		近 4.2+	−0.72544*	0.08525	0.000	−0.9301	−0.5208
	邦弗伦尼 中 3.4—4.2	远≤3.4	0.52888*	0.07950	0.000	0.3381	0.7197
		近 4.2+	−0.19656	0.08470	0.062	−0.3999	0.0067
	邦弗伦尼 近 4.2+	远≤3.4	0.72544*	0.08525	0.000	0.5208	0.9301
		中 3.4—4.2	0.19656	0.08470	0.062	−0.0067	0.3999
	塔姆黑尼 远≤3.4	中 3.4—4.2	−0.52888*	0.08471	0.000	−0.7319	−0.3258
		近 4.2+	−0.72544*	0.08594	0.000	−0.9315	−0.5194
	塔姆黑尼 中 3.4—4.2	远≤3.4	0.52888*	0.08471	0.000	0.3258	0.7319
		近 4.2+	−0.19656*	0.07266	0.021	−0.3708	−0.0223
	塔姆黑尼 近 4.2+	远≤3.4	0.72544*	0.08594	0.000	0.5194	0.9315
		中 3.4—4.2	0.19656*	0.07266	0.021	0.0223	0.3708
长春人是勤劳的	邦弗伦尼 远≤3.4	中 3.4—4.2	−0.69964*	0.07763	0.000	−0.8860	−0.5133
		近 4.2+	−0.82935*	0.08325	0.000	−1.0292	−0.6295
	邦弗伦尼 中 3.4—4.2	远≤3.4	0.69964*	0.07763	0.000	0.5133	0.8860
		近 4.2+	−0.12971	0.08271	0.352	−0.3282	0.0688
	邦弗伦尼 近 4.2+	远≤3.4	0.82935*	0.08325	0.000	0.6295	1.0292
		中 3.4—4.2	0.12971	0.08271	0.352	−0.0688	0.3282
	塔姆黑尼 远≤3.4	中 3.4—4.2	−0.69964*	0.07873	0.000	−0.8884	−0.5109
		近 4.2+	−0.82935*	0.08946	0.000	−1.0438	−0.6149
	塔姆黑尼 中 3.4—4.2	远≤3.4	0.69964*	0.07873	0.000	0.5109	0.8884
		近 4.2+	−0.12971	0.07481	0.231	−0.3092	0.0498
	塔姆黑尼 近 4.2+	远≤3.4	0.82935*	0.08946	0.000	0.6149	1.0438
		中 3.4—4.2	0.12971	0.07481	0.231	−0.0498	0.3092

续表

因变量	(I)社会距离虚拟(分箱化)		(J)社会距离虚拟(分箱化)	平均值差值(I-J)	标准误差	显著性	95%置信区间	
							下限	上限
长春文化显著影响着其他地方的人们	邦弗伦尼	远≤3.4	中 3.4-4.2	-0.71429*	0.09080	0.000	-0.9322	-0.4964
			近 4.2+	-1.11411*	0.09736	0.000	-1.3478	-0.8804
		中 3.4-4.2	远≤3.4	0.71429*	0.09080	0.000	0.4964	0.9322
			近 4.2+	-0.39982*	0.09674	0.000	-0.6320	-0.1676
		近 4.2+	远≤3.4	1.11411*	0.09736	0.000	0.8804	1.3478
			中 3.4-4.2	0.39982*	0.09674	0.000	0.1676	0.6320
	塔姆黑尼	远≤3.4	中 3.4-4.2	-0.71429*	0.09284	0.000	-0.9368	-0.4918
			近 4.2+	-1.11411*	0.10104	0.000	-1.3563	-0.8719
		中 3.4-4.2	远≤3.4	0.71429*	0.09284	0.000	0.4918	0.9368
			近 4.2+	-0.39982*	0.08928	0.000	-0.6139	-0.1857
		近 4.2+	远≤3.4	1.11411*	0.10104	0.000	0.8719	1.3563
			中 3.4-4.2	0.39982*	0.08928	0.000	0.1857	0.6139
长春人是正直可信的	邦弗伦尼	远≤3.4	中 3.4-4.2	-0.67464*	0.07445	0.000	-0.8533	-0.4960
			近 4.2+	-0.93805*	0.07983	0.000	-1.1297	-0.7464
		中 3.4-4.2	远≤3.4	0.67464*	0.07445	0.000	0.4960	0.8533
			近 4.2+	-0.26341*	0.07932	0.003	-0.4538	-0.0730
		近 4.2+	远≤3.4	0.93805*	0.07983	0.000	0.7464	1.1297
			中 3.4-4.2	0.26341*	0.07932	0.003	0.0730	0.4538
	塔姆黑尼	远≤3.4	中 3.4-4.2	-0.67464*	0.07790	0.000	-0.8614	-0.4879
			近 4.2+	-0.93805*	0.08289	0.000	-1.1368	-0.7393
		中 3.4-4.2	远≤3.4	0.67464*	0.07790	0.000	0.4879	0.8614
			近 4.2+	-0.26341*	0.06911	0.000	-0.4291	-0.0977
		近 4.2+	远≤3.4	0.93805*	0.08289	0.000	0.7393	1.1368
			中 3.4-4.2	0.26341*	0.06911	0.000	0.0977	0.4291

续表

因变量	(I)社会距离虚拟（分箱化）	(J)社会距离虚拟（分箱化）	平均值差值(I—J)	标准误差	显著性	95%置信区间 下限	95%置信区间 上限
长春人热情友好	邦弗伦尼	远≤3.4	中 3.4—4.2	−0.50892*	0.07535	0.000	−0.6898	−0.3281
			近 4.2+	−0.73918*	0.08081	0.000	−0.9331	−0.5452
		中 3.4—4.2	远≤3.4	0.50892*	0.07535	0.000	0.3281	0.6898
			近 4.2+	−0.23025*	0.08028	0.013	−0.4229	−0.0376
		近 4.2+	远≤3.4	0.73918*	0.08081	0.000	0.5452	0.9331
			中 3.4—4.2	0.23025*	0.08028	0.013	0.0376	0.4229
	塔姆黑尼	远≤3.4	中 3.4—4.2	−0.50892*	0.07899	0.000	−0.6983	−0.3196
			近 4.2+	−0.73918*	0.08365	0.000	−0.9397	−0.5386
		中 3.4—4.2	远≤3.4	0.50892*	0.07899	0.000	0.3196	0.6983
			近 4.2+	−0.23025*	0.06987	0.003	−0.3978	−0.0627
		近 4.2+	远≤3.4	0.73918*	0.08365	0.000	0.5386	0.9397
			中 3.4—4.2	0.23025*	0.06987	0.003	0.0627	0.3978
长春人的教育水平高	邦弗伦尼	远≤3.4	中 3.4—4.2	−0.63036*	0.07966	0.000	−0.8216	−0.4392
			近 4.2+	−0.87493*	0.08543	0.000	−1.0800	−0.6699
		中 3.4—4.2	远≤3.4	0.63036*	0.07966	0.000	0.4392	0.8216
			近 4.2+	−0.24457*	0.08487	0.012	−0.4483	−0.0409
		近 4.2+	远≤3.4	0.87493*	0.08543	0.000	0.6699	1.0800
			中 3.4—4.2	0.24457*	0.08487	0.012	0.0409	0.4483
	塔姆黑尼	远≤3.4	中 3.4—4.2	−0.63036*	0.08253	0.000	−0.8282	−0.4326
			近 4.2+	−0.87493*	0.08614	0.000	−1.0814	−0.6684
		中 3.4—4.2	远≤3.4	0.63036*	0.08253	0.000	0.4326	0.8282
			近 4.2+	−0.24457*	0.07827	0.006	−0.4322	−0.0569
		近 4.2+	远≤3.4	0.87493*	0.08614	0.000	0.6684	1.0814
			中 3.4—4.2	0.24457*	0.07827	0.006	0.0569	0.4322

续表

因变量		(I) 社会距离虚拟（分箱化）	(J) 社会距离虚拟（分箱化）	平均值差值（I—J）	标准误差	显著性	95%置信区间	
							下限	上限
长春政府的治理主动性很强	邦弗伦尼	远≤3.4	中 3.4—4.2	−0.62811*	0.08759	0.000	−0.8383	−0.4179
			近 4.2+	−0.87376*	0.09393	0.000	−1.0992	−0.6483
		中 3.4—4.2	远≤3.4	0.62811*	0.08759	0.000	0.4179	0.8383
			近 4.2+	−0.24565*	0.09332	0.026	−0.4696	−0.0217
		近 4.2+	远≤3.4	0.87376*	0.09393	0.000	0.6483	1.0992
			中 3.4—4.2	0.24565*	0.09332	0.026	0.0217	0.4696
	塔姆黑尼	远≤3.4	中 3.4—4.2	−0.62811*	0.08834	0.000	−0.8398	−0.4164
			近 4.2+	−0.87376*	0.09706	0.000	−1.1065	−0.6411
		中 3.4—4.2	远≤3.4	0.62811*	0.08834	0.000	0.4164	0.8398
			近 4.2+	−0.24565*	0.08912	0.018	−0.4594	−0.0319
		近 4.2+	远≤3.4	0.87376*	0.09706	0.000	0.6411	1.1065
			中 3.4—4.2	0.24565*	0.08912	0.018	0.0319	0.4594
长春政府的治理是卓有成效的	邦弗伦尼	远≤3.4	中 3.4—4.2	−0.74675*	0.08873	0.000	−0.9597	−0.5338
			近 4.2+	−1.06233*	0.09515	0.000	−1.2907	−0.8340
		中 3.4—4.2	远≤3.4	0.74675*	0.08873	0.000	0.5338	0.9597
			近 4.2+	−0.31558*	0.09453	0.003	−0.5425	−0.0887
		近 4.2+	远≤3.4	1.06233*	0.09515	0.000	0.8340	1.2907
			中 3.4—4.2	0.31558*	0.09453	0.003	0.0887	0.5425
	塔姆黑尼	远≤3.4	中 3.4—4.2	−0.74675*	0.08833	0.000	−0.9584	−0.5351
			近 4.2+	−1.06233*	0.09924	0.000	−1.3003	−0.8244
		中 3.4—4.2	远≤3.4	0.74675*	0.08833	0.000	0.5351	0.9584
			近 4.2+	−0.31558*	0.09183	0.002	−0.5359	−0.0953
		近 4.2+	远≤3.4	1.06233*	0.09924	0.000	0.8244	1.3003
			中 3.4—4.2	0.31558*	0.09183	0.002	0.0953	0.5359

续表

因变量	(I) 社会距离虚拟（分箱化）	(J) 社会距离虚拟（分箱化）	平均值差值 (I—J)	标准误差	显著性	95%置信区间 下限	95%置信区间 上限
长春是一个干净的城市	邦弗伦尼	远≤3.4	中 3.4－4.2	−0.59369*	0.08141	0.000	−0.7891	−0.3983
			近 4.2＋	−0.80764*	0.08730	0.000	−1.0172	−0.5981
		中 3.4－4.2	远≤3.4	0.59369*	0.08141	0.000	0.3983	0.7891
			近 4.2＋	−0.21395*	0.08673	0.042	−0.4221	−0.0058
		近 4.2＋	远≤3.4	0.80764*	0.08730	0.000	0.5981	1.0172
			中 3.4－4.2	0.21395*	0.08673	0.042	0.0058	0.4221
	塔姆黑尼	远≤3.4	中 3.4－4.2	−0.59369*	0.08303	0.000	−0.7927	−0.3947
			近 4.2＋	−0.80764*	0.09095	0.000	−1.0257	−0.5896
		中 3.4－4.2	远≤3.4	0.59369*	0.08303	0.000	0.3947	0.7927
			近 4.2＋	−0.21395*	0.08016	0.024	−0.4062	−0.0217
		近 4.2＋	远≤3.4	0.80764*	0.09095	0.000	0.5896	1.0257
			中 3.4－4.2	0.21395*	0.08016	0.024	0.0217	0.4062
长春是一个安全的城市	邦弗伦尼	远≤3.4	中 3.4－4.2	−0.68398*	0.08027	0.000	−0.8766	−0.4913
			近 4.2＋	−0.99956*	0.08608	0.000	−1.2062	−0.7930
		中 3.4－4.2	远≤3.4	0.68398*	0.08027	0.000	0.4913	0.8766
			近 4.2＋	−0.31558*	0.08552	0.001	−0.5208	−0.1103
		近 4.2＋	远≤3.4	0.99956*	0.08608	0.000	0.7930	1.2062
			中 3.4－4.2	0.31558*	0.08552	0.001	0.1103	0.5208
	塔姆黑尼	远≤3.4	中 3.4－4.2	−0.68398*	0.08625	0.000	−0.8907	−0.4772
			近 4.2＋	−0.99956*	0.08648	0.000	−1.2069	−0.7922
		中 3.4－4.2	远≤3.4	0.68398*	0.08625	0.000	0.4772	0.8907
			近 4.2＋	−0.31558*	0.07185	0.000	−0.4878	−0.1433
		近 4.2＋	远≤3.4	0.99956*	0.08648	0.000	0.7922	1.2069
			中 3.4－4.2	0.31558*	0.07185	0.000	0.1433	0.4878

续表

因变量	(I) 社会距离虚拟（分箱化）	(J) 社会距离虚拟（分箱化）	平均值差值 (I—J)	标准误差	显著性	95%置信区间 下限	95%置信区间 上限
长春交通便利	邦弗伦尼	远≤3.4	中 3.4—4.2	−0.64181*	0.07853	0.000	−0.8303	−0.4533
			近 4.2+	−0.92804*	0.08421	0.000	−1.1302	−0.7259
		中 3.4—4.2	远≤3.4	0.64181*	0.07853	0.000	0.4533	0.8303
			近 4.2+	−0.28623*	0.08367	0.002	−0.4870	−0.0854
		近 4.2+	远≤3.4	0.92804*	0.08421	0.000	0.7259	1.1302
			中 3.4—4.2	0.28623*	0.08367	0.002	0.0854	0.4870
	塔姆黑尼	远≤3.4	中 3.4—4.2	−0.64181*	0.08336	0.000	−0.8416	−0.4420
			近 4.2+	−0.92804*	0.08306	0.000	−1.1272	−0.7289
		中 3.4—4.2	远≤3.4	0.64181*	0.08336	0.000	0.4420	0.8416
			近 4.2+	−0.28623*	0.07426	0.000	−0.4643	−0.1082
		近 4.2+	远≤3.4	0.92804*	0.08306	0.000	0.7289	1.1272
			中 3.4—4.2	0.28623*	0.07426	0.000	0.1082	0.4643
长春的社会福利好	邦弗伦尼	远≤3.4	中 3.4—4.2	−0.61141*	0.07997	0.000	−0.8033	−0.4195
			近 4.2+	−1.09148*	0.08575	0.000	−1.2973	−0.8857
		中 3.4—4.2	远≤3.4	0.61141*	0.07997	0.000	0.4195	0.8033
			近 4.2+	−0.48007*	0.08520	0.000	−0.6846	−0.2756
		近 4.2+	远≤3.4	1.09148*	0.08575	0.000	0.8857	1.2973
			中 3.4—4.2	0.48007*	0.08520	0.000	0.2756	0.6846
	塔姆黑尼	远≤3.4	中 3.4—4.2	−0.61141*	0.07988	0.000	−0.8028	−0.4200
			近 4.2+	−1.09148*	0.08834	0.000	−1.3033	−0.8797
		中 3.4—4.2	远≤3.4	0.61141*	0.07988	0.000	0.4200	0.8028
			近 4.2+	−0.48007*	0.08317	0.000	−0.6795	−0.2806
		近 4.2+	远≤3.4	1.09148*	0.08834	0.000	0.8797	1.3033
			中 3.4—4.2	0.48007*	0.08317	0.000	0.2806	0.6795

续表

因变量	(I)社会距离虚拟（分箱化）	(J)社会距离虚拟（分箱化）	平均值差值（I—J）	标准误差	显著性	95％置信区间 下限	95％置信区间 上限
在长春很容易找到令人满意且负担得起的住房	邦弗伦尼	远≤3.4					
		中 3.4—4.2	−0.37135*	0.08030	0.000	−0.5641	−0.1786
		近 4.2+	−0.63657*	0.08611	0.000	−0.8432	−0.4299
		中 3.4—4.2					
		远≤3.4	0.37135*	0.08030	0.000	0.1786	0.5641
		近 4.2+	−0.26522*	0.08555	0.006	−0.4706	−0.0599
		近 4.2+					
		远≤3.4	0.63657*	0.08611	0.000	0.4299	0.8432
		中 3.4—4.2	0.26522*	0.08555	0.006	0.0599	0.4706
	塔姆黑尼	远≤3.4					
		中 3.4—4.2	−0.37135*	0.08257	0.000	−0.5692	−0.1735
		近 4.2+	−0.63657*	0.08632	0.000	−0.8435	−0.4296
		中 3.4—4.2					
		远≤3.4	0.37135*	0.08257	0.000	0.1735	0.5692
		近 4.2+	−0.26522*	0.08071	0.003	−0.4587	−0.0717
		近 4.2+					
		远≤3.4	0.63657*	0.08632	0.000	0.4296	0.8435
		中 3.4—4.2	0.26522*	0.08071	0.003	0.0717	0.4587
长春医疗卫生服务好	邦弗伦尼	远≤3.4					
		中 3.4—4.2	−0.57107*	0.07749	0.000	−0.7571	−0.3851
		近 4.2+	−0.78049*	0.08310	0.000	−0.9799	−0.5810
		中 3.4—4.2					
		远≤3.4	0.57107*	0.07749	0.000	0.3851	0.7571
		近 4.2+	−0.20942*	0.08256	0.034	−0.4076	−0.0113
		近 4.2+					
		远≤3.4	0.78049*	0.08310	0.000	0.5810	0.9799
		中 3.4—4.2	0.20942*	0.08256	0.034	0.0113	0.4076
	塔姆黑尼	远≤3.4					
		中 3.4—4.2	−0.57107*	0.07877	0.000	−0.7599	−0.3823
		近 4.2+	−0.78049*	0.08708	0.000	−0.9893	−0.5717
		中 3.4—4.2					
		远≤3.4	0.57107*	0.07877	0.000	0.3823	0.7599
		近 4.2+	−0.20942*	0.07643	0.019	−0.3927	−0.0261
		近 4.2+					
		远≤3.4	0.78049*	0.08708	0.000	0.5717	0.9893
		中 3.4—4.2	0.20942*	0.07643	0.019	0.0261	0.3927

*.平均值差值的显著性水平为 0.05。

参考文献

【中文图书】

安浩.铸造国家、城市和地区的品牌:竞争优势识别系统[M].葛岩,卢嘉杰,何俊涛,译.上海:上海交通大学出版社,2010.

保继刚.旅游研究进展(第10辑)[M].北京:商务印书馆,2020.

池泽宽.城市风貌设计[M].郝慎钧,译.天津:天津大学出版社,1989.

丹尼.国家品牌:概念·议题·实践[M].范红,译.北京:清华大学出版社,2022.

段义孚.恋地情结[M].志丞,刘苏,译.北京:商务印书馆,2018.

格莱泽.城市的胜利:城市如何让我们变得更加富有、智慧、绿色、健康和幸福[M].刘润泉,译.上海:上海社会科学院出版社,2012.

胡兆量.中国文化地理概述[M].北京:北京大学出版社,2001.

黄旦.城市传播:基于中国城市的历史与现实[M].上海:上海交通大学出版社,2015.

霍夫斯泰德.文化与组织:心理软件的力量[M].2版.李原,孙健敏,译.北京:中国人民大学出版社,2010.

刘彦平.中国城市营销发展报告2009—2010:通往和谐与繁荣[M].北京:中国社会科学出版社,2009.

倪鹏飞.中国城市竞争力报告 NO.3 集群:中国经济的龙脉[M].北京:

社会科学文献出版社,2005.

倪鹏飞.中国城市竞争力报告 NO.7 城市:中国跨向全球中[M].北京:社会科学文献出版社,2009.

吴明隆.结构方程模型:AMOS 的操作与应用[M].重庆:重庆大学出版社,2010.

吴明隆.结构方程模型:Amos 实务进阶[M].重庆:重庆大学出版社,2013.

衣俊卿.现代化与日常生活批判:人自身现代化的文化透视[M].北京:人民出版社,2005.

易丹辉.结构方程模型方法与应用[M].北京:中国人民大学出版社,2008.

【中文期刊】

白凯,马耀峰,李天顺,等.西安入境旅游者认知和感知价值与行为意图[J].地理学报,2010,65(2).

蔡礼彬,宋莉.基于网络文本的城市旅游意象符号表征研究:以青岛市为例[J].地域研究与开发,2019,38(3).

陈楠,乔光辉.基于感知－认知因素的奥运会后北京旅游形象变化研究:以入境游客为例[J].资源科学,2009,31(6).

楚冰倩.新媒体对旅游形象空间距离衰减效应的扰动研究[J].旅游纵览(下半月),2019,4(2).

邓庄.空间视阈下城市记忆的建构与传播[J].现代传播(中国传媒大学学报),2019(3).

冯嘉.文春英:抖音"网红城市"在城市营销视角下的利弊之惑[J].文化产业导刊,2019(1).

冯健.北京城市居民的空间感知与意象空间结构[J].地理科学,2005(2).

高静,焦勇兵.社会化媒体信息源对旅游者行为意图的影响:感知有用性与可信度的中介作用[J].旅游论坛,2016(3).

葛岩,秦裕林,徐剑.作为图式的地域形象:结构、功能和测量[J].新闻与传播研究,2019(2).

谷明.大连城市旅游形象定位及整体策划[J].旅游学刊,2000(5).

管文虎.国家的国际形象浅析[J].当代世界,2006(6).

郭英之.旅游感知形象研究综述[J].经济地理,2003(2).

郝胜宇.国内城市品牌研究综述[J].城市问题,2009(1).

何国平.城市形象传播:框架与策略[J].现代传播(中国传媒大学学报),2010(8).

胡晓云,徐芳.关于卷入度(involvement)问题研究的追踪溯源[J].广告研究(理论版),2006(1).

黄华新.认知科学视域中隐喻的表达与理解[J].中国社会科学,2020(5).

黄骏.虚实之间:城市传播的逻辑变迁与路径重构[J].学习与实践,2020(6).

黄顺铭.虚拟社区里的知识分享:基于两个竞争性计划行为理论模型的分析[J].新闻与传播研究,2018(6).

黄泰,张捷,解杼,等.基于区域城市体系的旅游地域系统空间组织研究:以江苏为例[J].人文地理,2003(2).

黄震方,李想.旅游目的地形象的认知与推广模式[J].旅游学刊,2002(3).

简新华,黄锟.中国城镇化水平和速度的实证分析与前景预测[J].经济研究,2010(3).

解杼,张捷,刘泽华,等.旅游者入游感知距离与旅游空间行为研究:以江西省龙虎山为例[J].安徽师范大学学报(自然科学版),2003(4).

克拉克.新芝加哥学派城市研究特点与计划[J].吴军,娄缤元,谢思琦,等译.中国名城,2017(5).

李宝梁.中国城市化研究:西方有关理论的演进及其意义[J].江西社会

科学,2005(4).

李蕾蕾.旅游目的地形象的空间认知过程与规律[J].地理科学,2000(6).

李勇,徐建刚,王振波.城市形象研究进展及展望[J].云南地理环境研究,2009(2).

李贞芳,方新子,刘练.基于态度理论的国家形象及影响因素研究[J].新闻与传播评论,2015(1).

李忠,田崇雪.城市性:中国城市形象宣传片的盲点[J].中国电视,2018(11).

梁江川,刘少和.粤港澳大湾区旅游品牌共建要素与路径研究[J].华南理工大学学报(社会科学版),2019(5).

刘小燕.关于传媒塑造国家形象的思考[J].国际新闻界,2002(2).

刘玉芳.国际城市评价指标体系研究与探讨[J].城市发展研究,2007(4).

卢长宝,胡珮姗.懒惰的消费者如何决策?——基于线索效用理论的消费者认知吝啬研究综述及营销启示[J].外国经济与管理,2018(8).

罗秋菊,童娟娟.上海世博会对游客的国家形象认知效果研究:基于议程设置视角[J].旅游学刊,2014(6).

吕斌.关于奥运后城市总体布局[J].北京规划建设,2009(2).

马向阳,杨颂,汪波.大陆游客文化认同与涉入度对台湾旅游目的地形象及重游倾向研究[J].资源科学,2015(12).

钱明辉.国外地区品牌理论研究综述[J].财贸经济,2007(6).

苏勤,林炳耀.基于态度与行为的我国旅游地居民的类型划分:以西递、周庄、九华山为例[J].地理研究,2004(1).

孙丽辉.基于中小企业集群的区域品牌形成机制研究:以温州为例[J].市场营销导刊,2007(5).

王坤,黄震方,方叶林,等.文化旅游区游客涉入对地方依恋的影响测评[J].人文地理,2013(3).

王沛.刻板印象的社会认知研究述论[J].心理科学,1999,22(4).

王山河,陈烈.西方城市营销理论研究进展[J].经济地理,2008(1).

王伟,杨婷,罗磊.大型城市事件对城市品牌影响效用的测度与挖掘:以上海世博会为例[J].城市发展研究,2014,21(7).

韦路,谢点.全球中国形象研究的知识版图:基于SSCI期刊论文(1998—2015)的文本挖掘[J].浙江大学学报(人文社会科学版),2017(1).

韦文英.区域价值的载体:区域产品[J].学术论坛,2005,11(5).

魏屹东.认识的语境论形成的思想根源[J].社会科学,2010(10).

文春英,吴莹莹.国家形象的维度及其互向异构性[J].现代传播(中国传媒大学学报),2021,43(1).

吴必虎,唐俊雅,黄安民,等.中国城市居民旅游目的地选择行为研究[J].地理学报,1997(2).

吴必虎.中国文化区的形成与划分[J].学术月刊,1996(3).

吴军,张娇.城市社会学理论范式演进及其21世纪发展趋势[J].中国名城,2018(1).

吴予敏.论媒介形象及其生产特征[J].国际新闻界,2007(11).

夏学英.论城市形象的旅游导向性[J].经济地理,2002,22(5).

熊龙,马月伟.基于因子分析法的昆明市无景点旅游市场影响因素研究[J].中国农学通报,2014,30(34).

许峰,李帅帅.南疆地区目的地形象与旅游者行为意向:感知价值与心理距离的中介作用[J].经济管理,2018(1).

许庆红,孔建勋,陈瑛.缅甸人心目中的中国人:社会距离及其影响因素[J].社会发展研究,2019(2).

严威,孙江华,刘妍妍.城市形象媒体监测分析系统研究与开发[J].广播与电视技术,2009,36(5).

易峥,李继珍,冷炳荣,等.基于微博语义分析的重庆主城区风貌感知评价[J].地理科学进展,2017(9).

于凤静,王文权.自媒体语境中的东北形象及其塑造机制[J].现代传播

(中国传媒大学学报),2018(6).

曾武佳.会展经济的区域特性分析[J].软科学,2006,20(3).

张高军,吴晋峰.不同群体的目的地形象一致吗?——基于目的地形象群体比较研究综述[J].旅游学刊,2016,31(8).

张国治.从艺术设计、文化创意产业到城市文化品牌形象营销[J].福建师范大学学报:哲学社会科学版,2014,4(5).

张红涛,王二平.态度与行为关系研究现状及发展趋势[J].心理科学进展,2007(1).

张红芸.中国文化对外传播的实践经验和可行路径:以 YouTube 李子柒短视频为例[J].出版广角,2020(12).

张宏磊,张捷,史春云,等.感知距离与游客满意度影响关系研究[J].人文地理,2011(5).

张宏梅,陆林,章锦河.感知距离对旅游目的地之形象影响的分析:以五大旅游客源城市游客对苏州周庄旅游形象的感知为例[J].人文地理,2006(5).

张宏梅,陆林.跨文化旅游态度和行为研究:技术、方法和启示[J].旅游学刊,2009(8).

张卓.从"效果"到"影响":西方媒介效果研究的历史考察与反思[J].新闻与传播评论,2008(1).

赵渺希,邵琳,林韵莹.外地游客与本地居民的城镇空间感知差异:以广东省佛山市南海区西部城镇为例[J].旅游科学,2013(2).

赵卫宏,张宇东.区域品牌化的企业参与行为研究:基于文化认知的视角[J].当代财经,2017(4).

钟智锦.公益行为中的动机与媒体效应研究[J].学术研究,2015(12).

周芳如,吴晋峰,吴潘,等.旅游者感知距离的影响因素分析[J].浙江大学学报:理学版,2016,43(5).

周欣琪,郝小斐.故宫的雪:官方微博传播路径与旅游吸引物建构研究

[J].旅游学刊,2018,33(10).

周杨,何军红,荣浩.我国乡村旅游中的游客满意度评估及影响因素分析[J].经济管理,2016(7).

朱竑,刘博.地方感、地方依恋与地方认同等概念的辨析及研究启示[J].华南师范大学学报(自然科学版),2011(1).

【中文博士论文】

赖坤.大型事件对旅游形象的影响:以"问题中心路径"导向一个理论[D].广州:中山大学,2012.

马瑞华.城市品牌与城市竞争力机制研究[D].济南:山东大学,2007.

王若帆.台湾观光代言人对国际观光客在旅游目的地意向、态度与旅游意愿之影响[D].台北:铭传大学,2009.

庄崇志.广告代言人可信度与观光地形象对旅游意愿之影响[D].台南:康宁大学,2012.

【英文图书】

AAKER D A.Managing brand equity:capitalizing on the value of a brand name[M].New York:The Free Press.1991.

ASHWORTH G J,VOOGD H.Selling the city:marketing approaches in publicsector urban planning[M].London:Belhaven Press,1993.

BARTLETT F C.Remembering:a study in experimental and social psychology[M].Cambridge:Cambridge University Press,1932.

FISKE S T,TAYLOR S E.Social cognition:from brains to culture[M].New York:Sage Publications Ltd,2013.

GUNN C A.Vacationscape:designing tourist regions[M].Austin:bureau of business research,University of Texas,1972.

HAIR J F,BLACK W C,BABIN B J,et al.Multivariate data analysis

[M].7th ed.London:Pearson,2009.

HOFSTEDE G. Culture's consequences: international differences in work-related values[M].New York:Sage Publication,1984.

KAVARATZIS M, WARNABY G, ASHWORTH G J. Rethinking place branding: comprehensive brand development for cities and regions [M].Berlin:Springer International Publishing,2014.

KORNBERGER M. Brand society:how brands transform management and lifestyle[M].Cambridge:Cambridge University Press,2010.

KOTLER P,BOWEN J,MAKENS J,et al. Marketing for hospitality and tourism[M].London:Pearson,2017.

KOTLER P. Marketing management: analysis, planning, implementation, and control[M].8th ed.London:Prentice Hall,1994.

MARTIN R,ROWTHORN B. The geography of de-industrialisation [M].London:Macmillan,1986.

MOONEY C Z, DUVAL R D. Bootstrapping: a nonparametric approach to statistical inference[M].New York:Sage Publications,1993.

RODGERS S,THORSON E. Theory of advertising[M].New York: Routledge,2012.

SHERIF M,CANTRIL H.The psychology of ego-involvement[M]. London: Chapman & Hall,1947.

STAKE R E. The art of case study research[M].New York:Sage Publications,1995.

TABACHNICK B G,FIDELL L S. Using multivariate statistics[M]. 5th ed.New York:Pearson College Div,2007.

TARDE G. The laws of imitation[M].New York:Henry Holt Company,1903.

WARD S V. Selling places:the marketing and promotion of towns and cities,1850—2000[M].London:Taylor and Francis,1998.

WICKER A W. An introduction to ecological psychology[M].Cambridge:Cambridge University Press,1984.

【英文期刊】

AAKER D A. Leveraging the corporate brand[J].California management review,2004,46(3).

AAKER J L,BENET-MARTÍNEZ V,GAROLERA J.Consumption symbols as carriers of culture:a study of Japanese and Spanish brand personality constucts[J].Journal of personality & social psychology,2001,81(3).

ADONI H,MANE S.Media and the social construction of reality:toward an integration of theory and research[J].Communication research,1984,11(3).

ANTIL J H.Conceptualization and operationalization of involvement[J].Advances in consumer research,1984(11).

APSLER R,SEARS D O. Warning,personal involvement,and attitude change[J].Journal of personality and social psychology,1968,9(21).

ASHWORTH G.The instruments of place branding:how is it done?[J].European spatial research and policy,2009(1).

ASSAKER G,VINZI V E,O'CONNOR P.Examining the effect of novelty seeking,satisfaction,and destination image on tourists' return pattern:a two factor, non-linear latent growth model [J]. Tourism management,2011,32(4).

AVRAHAM E. Cities and their news media images[J].Cities,2000,17(5).

BACK K J,PARKS S C.A brand loyalty model involving cognitive,affective,and conative brand loyalty and customer satisfaction[J].Journal of hospitality & tourism research,2003(4).

BALOGLU S,MCCLEARY K W. A model of destination image formation[J].Annals of tourism research,1999,26(4).

BALOGLU S. Image variations of Turkey by familiarity index: informational and experiential dimensions[J]. Tourism management,2001,22(2).

BARBARA G, WANG B,STANGHELLINI V, et al. Mast cell-dependent excitation of visceral-nociceptive sensory neurons in irritable bowel syndrome[J]. Gastroenterology, 2007, 132(1).

BAUM D R,JONIDES J.Cognitive maps: analysis of comparative judgments of distance[J].Memory & cognition,1979,7(6).

BEATTY S E, HOMER P, KAHLE L R. The involvement-commitment model: theory and implications [J]. Journal of business research,1988(2).

BIGNE J, ANDREU L.Emotions in segmentation: an empirical study [J].Annals of tourism research,2004(3).

BLOCH P H, BRUCE G D.Product involvement as leisure behavior [J].Advances in consumer research,1984(11).

BONN M A,JOSEPH S M,DAI M.International versus domestic visitors: an examination of destination image perceptions[J].Journal of travel research,2005,43(3).

BOO S,BUSSER J,BALOGLU S.A model of customer-based brand equityand its application to multiple destinations[J].Tourism management,2009(30).

BOSE S,ROY S K,ALWI S F S,et al.Measuring customer-based place brand equity(CBPBE): an investment attractiveness perspective[J].Journal of strategic marketing,2016,24(7).

BOWEN L, CHAFFEE S H. Product involvement and pertinent advertising appeals[J].Journalism quarterly,1974,51(4).

BRAUN E, KAVARATZIS M, ZENKER S. My city-my brand: the different roles of residents in place branding[J]. Journal of place management and development,2013,6(1).

BROWN M A,BROADWAY M J. The cognitive maps of adolescents: confusion about inter-town distances[J].Professional geographer,1981,33(3).

BRUNING S D,LEDINGHAM J A. Relationships between organizations and publics: development of a multi-dimensional organization-public relationship scale[J].Public relations review,1999,25(2).

BUCHANAN T.Commitment and leisure behavior: a theoretical perspective[J].Leisure sciences,1985,7(4).

BURT R S. Interpretational confounding of unobserved variables in structural equation models[J].Sociological methods & research,1976,5(1).

CAI L A,FENG R M,BREITER D. Tourist purchase decision involvement and information prefereces[J].Journal of vacation marketing,2004,10(2).

CELSI R L, OLSON J C. The role of involvement in attention and comprehension processes[J].Journal of consumer research,1988,15(2).

CHAN C S,MARAFA L M.A review of place branding methodologies in the new millennium[J].Place branding and public diplomacy,2013,9(4).

CHANG J, WALL G, TSAI C T. Endorsement advertising in aboriginal tourism: an experiment in Taiwan[J]. International journal of tourism research,2005,7(6).

CHEN C F, TSAI M H. Perceived value, satisfaction, and loyalty of

TV travel product shopping: involvement as a moderator[J]. Tourism management, 2008, 29(6).

CHEUNG G W, LAU R S. Testing mediation and suppression effect of latent variables: bootstrapping with structural equation models[J]. Organizational research methods, 2008, 1(2).

CHOI S H, CAI L. An experiment on the role of tourist attribution: evidence from negative nature-based incidents [J]. Current issues in tourism, 2017, 20(5).

CHOI W J, WINTERICH K P. Can brands move in from the outside? How moral identity enhances out-group brand attitudes[J]. Journal of marketing, 2013, 77(2).

CHOI W M, CHAN A, WU J. A qualitative and quantitative assessment of Hong Kong's image as a tourist destination[J]. Tourism management, 1999, 20(3).

COREY L G. People who claim to be opinion leaders: identifying their characteristics by self-report. Journal of marketing, 1971, 35(4).

CROMPTON J L. An assessment of the image of Mexico as a vacation destination and the influence of geographical location upon that image[J]. Journal of travel research, 1979, 17(4).

CRONBACH L J. Coefficient alpha and the internal structure of tests [J]. Psychometrika, 1951, 16(3).

CROSBY L A, TAYLOR J R. Psychological commitment and its effects on post-decision evaluation and preference stability among voters [J]. Journal of consumer research, 1983, 9(4).

CROTTS J C. The effect of cultural distance on overseas travel behaviors[J]. Journal of travel research, 2004, 43(1).

CURRAN P J, WEST S G, FINCH J F. The robustness of test

statistics to nonnormality and specification error in confirmatory factor analysis[J].Psychological methods,1996,1(1).

DIMANCHE F, HAVITZ M E, HOWARD D R. Consumer involvement profiles as a tourism segmentation tool[J].Journal of travel and tourism marketing,1993,1(4).

DORSCH M J,GROVE S J,DARDEN W R. Consumer intentions to use a service category[J].Journal of services marketing,2000,14(2).

DYNES R R. Organizational involvement and changes in community structure in disaster[J]. American behavioral scientist,1970,13(3).

ECHTNER C M, RITCHIE J R B. The measurement of destination image:an empirical assessment[J].Journal of travel research,1993(31).

ECHTNER C M, RITCHIE J R B.The meaning and measurement of destination image[J].Journal of tourism studies,1991,2(2).

EHRLICH S B,DE NOBLE A F,MOORE T,et al. After the cash arrives: a comparative study of venture capital and private investor involvement in entrepreneurial firms[J].Journal of business venturing,1994,9(1).

EISEND M. A meta-analysis of humor in advertising[J].Journal of the academy of marketing science,2009,37(2).

EVANS J S. In two minds: dual-process accounts of reasoning[J]. Trends in cognitive sciences,2003,7(10).

FAKEYE P C,CROMPTON J L. Image differences between prospective,first-time,and repeat visitors to the lower rio grande valley[J].Journal of travel research,1991,30(2).

FILO K,CHEN N,KING C,et al. Sport tourists' involvement with a destination: a stage-based examination [J]. Journal of hospitality and tourism research,2011,37(1).

FILO K,FUNK D C,O'BRIEN D. Examining motivation for charity

sport event participation: a comparison of recreation-based and charity-based motives[J].Journal of leisure research,2011,43(4).

GALLARZA M G,SAURA I G. Desitination image:towards a conceptual framework[J].Annals of tourism research,2002,29(1).

GARDNER B B,LEVY S J. The product and the brand[J]. Harvard business review,1955(3).

GETZ D. Event tourism: definition, evolution, and research [J]. Tourism management,2008,29(3).

GILBOA S,JAFFE E. Can one brand fit all? Segmenting city residents for place branding[J].Cities,2021,116(4).

GLOVER P. Celebrity endorsement in tourism advertising:effects on destination image[J].Journal of hospitality and tourism management,2009, 16(1).

GOLDSMITH R E,FLYNN L R,BONN M. An empirical study of heavy users of travel agencies[J].Journal of travel research,1994,33(1).

HANNA S,ROWLEY J. Towards a model of the place brand web[J]. Tourism management,2015(48).

HANYU K. The affective meaning of Tokyo: verbal and non-verbal approaches[J].Journal of environmental psychology,1993,13(2).

HAVITZ M E,MANNELL R C. Enduring involvement,situational involvement, and flow in leisure and non-leisure activities [J]. Journal of leisure research,2005,37(2).

HENKEL R, HENKEL P, AGRUSA W, et al. Thailand as a tourist destination:perceptions of international visitors and Thai residents[J].Asia pacific journal of tourism research,2006,11(3).

HESLOP L A,PAPADOPOULOS N,DOWDLES M,et al. Who controls the purse strings:a study of consumers' and retail buyers' reactions in an America's FTA environment[J].Journal of business research,2004,57(10).

HOSANY S,GILBERT D.Measuring tourists' emotional experiences toward hedonic holiday destinations[J].Journal of travel research,2010,49(4).

HOUSTON M J,ROTHSCHILD M L.Conceptual and methodological perspectives in involvement[J]. Advances in consumer research,1978,5(1).

HSU C,CAI L A.Brand knowledge,trust and loyalty—a conceptual model of destination branding [J]. International CHRIE conference—refereed track,2009(12).

HUDSON S,RITCHIE J R B. Promoting destinations via film tourism:an empirical identification of supporting marketing initiatives[J]. Journal of travel research,2006,44(4).

HUNT J D,DONLYNNE L.Evolution of travel and tourism terminology and definitions[J].Journal of travel research,1991,29(4).

HUNT J D.Image as a factor in tourism development[J].Journal of travel research,1975,13(3).

HWANG S,LEE C,CHEN H. The relationship among tourists' involvement,place attachment and interpretation satisfaction in Taiwan's parks[J].Tourism management,2005,26(2).

JACOBSEN B P.Place brand equity:a model for establishing the effectiveness of place brands[J].Journal of place management and development,2012,5(3).

JACOBSEN B P.Urban place brands and the location of creative industries:a model for measuring place—brand equity[J]. Urban research & practice,2010,3(3).

JOHANSON J,VAHLNE J. The internationalization process of the firm: a model of knowledge development and increasing foreign market commitments[J].Journal of international business studies,1977,8(1).

JØRGENSEN O H. Place and city branding in Danish municipalities with focus on political involvement and leadership[J]. Place branding and public diplomacy,2016,12(1).

JUTLA R S. Visual image of the city: tourists' versus residents' perception of Simla,a hill station in northern India[J]. Tourism geographies, 2000,2(4).

KAPFERER J, LAURENT G. Consumer involvement profiles: a new and practical approach to consumer involvement[J]. Journal of advertising research année,1985.

KARL M, SCHMUDE J. Understanding the role of risk perception in destination choice: a literature review and synthesis[J]. Tourism: an international interdisciplinary,2017,65(2).

KAVARATZIS M, ASHWORTH G J. Partners in coffeeshops,canals and commerce: marketing the city of Amsterdam[J].Cities,2007,24(1).

KAVARATZIS M. From city marketing to city branding: towards a theoretical framework for developing city brands[J]. Place branding and public diplomacy,2004,1(1).

KEAVENEY S M, HUNT K A.Conceptualization and operationalization of retail store image: a case of rival midle-level theories[J].Journal of the academy of marketing science,1992,20(2).

KELLER K L. Brand synthesis: the multidimensionality of brand knowledge[J].Journal of consumer research,2003,29(4).

KELLER K L. Conceptualizing, measuring, and managing customer-based brand equity[J].Journal of marketing,1993,57(1).

KIDD M A. Archetypes, stereotypes and media representation in a multi-cultural society[J]. Procedia — social and behavioral sciences, 2016, 236(14).

KIM H, RICHARDSON S L. Motion picture impacts on destination images[J]. Annals of tourism research, 2003, 30(1).

KIM S S, MORRSION A M. Change of images of South Korea among foreign tourists after the 2002 FIFA World Cup[J]. Tourism management, 2005, 26(2).

KIM S S, AO Y, LEE H, etal. A study of motivations and the image of Shanghai as perceived by foreign tourists at the Shanghai EXPO[J]. Journal of convention & event tourism, 2012, 13(1).

KLIJN E H, ESHUIS J, BRAUN E. The influence of stakeholder involvement on the effectiveness of place branding[J]. Public management review, 2012, 14(4).

KOCK F, JOSIASSEN A, ASSAF A G. Advancing destination image: the destination content model[J]. Annals of tourism research, 2016(61).

KONECNIK M, GARTNER W C. Customer-based brand equity for a destination[J]. Annals of tourism research, 2007, 34(2).

KRUGMAN H E. The impact of television advertising: learning without involvement[J]. The public opinion quarterly, 1965, 29(3).

KWON J, VOGT C A. Identifying the role of cognitive, affective, and behavioral components in understanding residents' attitudes toward place marketing[J]. Journal of travel research, 2009, 49(4).

KYLE G T, CHICK G. The social nature of leisure involvement[J]. Journal of leisure research, 2002, 34(4).

LASSAR W, MITTAL B, SHARMA A. Measuring customer-based brand equity[J]. Journal of consumer marketing, 1995, 12(4).

LAURENT G, KAPFERER J. Measuring consumer involvement profiles[J]. Journal of marketing research,1985,22(1).

LEE C K,LEE Y K,LEE B K. Korea's destination image formed by the 2002 World Cup[J].Annals of tourism research,2005,32(4).

LEE S,SCOTT D,KIM H. Celebrity fan involvement and destination perceptions[J].Annals of tourism research,2008,35(3).

LEHTO X Y,O'LEARY J T,MORRISON A M.The effect of prior experience on vacation behavior[J].Annals of tourism research,2004,31(4).

LI X,STEPCHENKOVA S. Chinese outbound tourists'destination image of America[J].Journal of travel research,2012,51(3).

LIBERMAN N,FÖRSTER J. The effect of psychological distance on perceptual level of construal[J].Cognitive science,2009,33(7).

LIM Y,WEAVER P A. Customer-based brand equity for a destination:the effect of destination image on preference for products associated with a destination brand [J]. International journal of tourism research,2014,16(3).

LOW G S,LAMB C W. The measurement and dimensionality of brand associations[J].Journal of product and brand management,2000:9(6).

LUCARELLI A. Unraveling the complexity of "city brand equity":a three-dimensional framework[J].Journal of place management and development,2012,5(3).

MCCOOL S F,MARTIN S R. Community attachment and attitudes towards tourism development[J].Journal of travel research,1994,32(3).

MILLER D,MERRILEES B. Department store innovation: David Jones Ltd.,Australia,1876—1915[J].Journal of historical research in marketing,2016,8(3).

MITCHELL A A. Involvement:a potentially important mediator of consumer behavior[J].Advances in consumer research,1979,6(1).

MOORE R L,GRAEFE A R. Attachments to recreation settings: the case of rail-trail users[J].Leisure sciences,1994,16(1).

MUEHLING D D,LACZNIAK R N,ANDREWS J C.Defining, operationalizing, and using involvement in advertising research: a review[J]. Journal of current issues and research in advertising.1993,15(1).

NGHIÊM-PHÚ B.A review of destination image studies from 2008 to 2012[J].European journal of tourism research,2014,8(1).

OHANIAN R. The impact of celebrity spokespersons' perceived image on consumers' intention to purchase[J].Journal of advertising research, 1991,31(1).

PAHL R E. Some remarks on informal work, social polarization and the social structure[J].International journal of urban and regional research, 1988,12(2).

PARK C W,YOUNG S M. Types and levels of involvement and brand attitude formation[J].Advances in consumer research.1983,10(1).

PARK M Y,YANG X B,LEE B K,et al. Segmenting casino gamblers by involvement profiles: a Colorado example[J]. Tourism management, 2002,23(1).

PASQUINELLI C,BELLINI N. Global context, policies and practices in urban tourism: an introduction[J].Tourism in the city: towards an integrative agenda on urban tourism,2017,1(25).

PIKE S,BIANCHI C,KERR G,et al. Consumer-based brand equity for Australia as a long-haul tourism destination in an emerging market[J]. International marketing review,2010,27(4).

PIKE S. Tourism destination branding complexity[J]. Journal of product & brand management,2005,14(4).

PORNPITAKPAN C. The effect of celebrity endorsers' perceived credibility on product purchase intention: the case of Singaporeans[J]. Journal of international consumer marketing,2004,16(2).

PRAYAG G,HOSANY S,ODEH K. The role of tourists' emotional experiences and satisfaction in understanding behavioral intentions[J].Journal of destination marketing & management,2013,2(2).

QUESTER P,LIN L A. Product involvement/brand loyalty:is there a link? [J].Journal of product & brand management,2003,12(1).

REILLY M D. Free elicitation of descriptive adjectives for tourism image assessment[J].Journal of travel research,1990,28(4).

REISINGER Y,TURNER L W. Cultural differences between Asian tourist markets and Australian hosts,Part 1[J].Journal of travel research,2002,40(3).

REYNOLDS W H. The role of the consumer in image building[J].California management review,1965,7(3).

ROTHSCHILD M L. Perspectives on involvement:current problems and future directions[J].Advances in consumer research,1984(11).

RUSBULT C E, MARTZ J M, AGNEW C. The investment model scale: measuring commitment level, satisfaction level, quality of alternatives,and investment size[J].Personal relationships,1998,5(4).

RUSSELL-BENNETT R,MCCOLL-KENNEDY J R,COOTE L V. Involvement,satisfaction,and brand loyalty in a small business services setting[J]. Journal of business research,2007,60(12).

RYAN C,GARLAND R. The use of a specific non-response option on Likert-type scales[J].Tourism management,1999,20(1).

SCHUILING I,KAPFERER J. Executive insights:real differences between local and international brands:strategic implications for international marketers[J]. Journal of international marketing, 2004, 12(4).

SEVIN E. Places going viral: Twitter usage patterns in destination marketing and place branding[J]. Journal of place management and development, 2013, 6(3).

SMITH C D. The relationship between the pleasingness of landmarks and the judgement of distance in cognitive maps [J]. Journal of environmental psychology, 1984, 4(3).

SÖNMEZ S F, APOSTOLOPOULOS Y, TARLOW P. Tourism in crisis: managing the effects of terrorism[J]. Journal of travel research, 1999, 38(1).

STERN E, KRAKOVER S. The formation of composite urban image [J]. Geographical analysis, 1993, 25(2).

SUNG Y, CAMPBELL W K. Brand commitment in consumer-brand relationships: an investment model approach[J]. Journal of brand management, 2009, 17(2).

TASCI A D, GARTNER W C. Destination image and its functional relationships[J]. Journal of travel research, 2007, 45(4).

THOMPSON D L. New concept: subjective distance[J]. Journal of retailing, 1963, 39(1).

TOSUN C. Host perceptions of impacts: a comparative tourism study [J]. Annals of tourism research, 2002, 29(1).

VEASNA S, WU W Y, HUANG C H. The impact of destination source credibility on destination satisfaction: the mediating effects of destination attachment and destination image[J]. Tourism management, 2013, 36(6).

VEEN R V D, SONG H Y. Exploratory study of the measurement scales for the perceived image and advertising effectiveness of celebrity endorsers in a tourism context[J]. Journal of travel & tourism marketing,

2010,27(5).

VERLEGH P W,STEENKAMP J B,MEULENBERG M T. Country-of-origin effects in consumer processing of advertising claims[J]. International journal of research in marketing,2005,22(2).

WALMSLEY D J,JENKINS J M. Appraisive images of tourist areas: application of personal constructs[J]. The Australian geographer,1993,24(2).

WALMSLEY D J,JENKINS J M. Cognitive distance: a neglected issue in travel behavior[J]. Journal of travel research,1992,31(1).

WETHERELL M,MCCREANOR T,MCCONVILLE A,et al. Settling space and covering the nation: some conceptual considerations in analysing affect and discourse[J]. Emotion, space and society,2015(16).

WINTERICH K P, MITTAL V, ROSS W T. Donation behavior toward in-groups and out-groups: the role of gender and moral identity[J]. Journal of consumer research,2009,36(2).

XIANG Z,GRETZEL U. Role of social media in online travel information search[J]. Tourism management,2010,31(2).

YOO B,DONTHU N. Developing and validating a multidimensional consumer-based brand equity scale[J]. Journal of business research,2001,52(1).

YOUNG O R. Inferences and indices: evaluating the effectiveness of international environmental regimes [J]. Global environmental politics, 2001,1(1).

ZAICHKOWSKY J L. Measuring the involvement construct [J]. Journal of consumer research,1985,12(3).

ZENKER S,BECKMANN S C. My place is not your place: different place brand knowledge by different target groups[J]. Journal of place management and development,2013,6(1).

ZENKER S, BRAUN E, PETERSEN S. Branding the destination versus the place:the effects of brand complexity and identification for residents and visitors[J].Tourism management,2017,58(2).

ZENKER S,EGGERS F,FARSKY M.Putting a price tag on cities:insights into the competitive environment of places[J].Cities,2013,30(2).

ZENKER S,ERFGEN C.Let them do the work:a participatory place branding approach[J].Journal of place management and development,2014,7(3).

ZENKER S,MARTIN N. Measuring success in place marketing and branding[J].Place branding and public diplomacy,2011,7(1).

ZENKER S. How to catch a city? The concept and measurement of place brands[J].Journal of place management and development,2011,4(1).

ZENKER S. Measuring place brand equity with the advanced Brand Concept Map(aBCM) method[J].Place branding,2014(10).

后 记

城市形象研究是一个充满学科张力的议题,在移动互联网及此后快速迭代的传播技术驱动下,媒介场域内的城市图景早已脱离了权威话语主导模式。不同利益相关者群体如何想象一个城市并参与城市传播进程,以共创之力形塑一城,成为一种显性的社会现象、底层扩张的日常交往实践,而不再是城市治理、旅游管理乃至城市研究领域内的专有术语。

在这样的背景下,这本著作从形形色色群体的心理感知视角出发,探索了影响城市形象感知的诸多因素,并验证了营销信息、文学音乐、造访经历等不同强度的城市传播信息对内外群的影响力。

这本书的构思、成文源于我博士阶段的学习经历。在中国传媒大学亚洲传媒研究中心学习、工作期间,有幸参与了诸多城市品牌化咨询项目,得以接触不同类型城市的城市管理机构、旅游招商部门和社区组织,并通过与建筑学、城市规划学科团队的合作,建立了跨学科视野,了解了实践层面的声音和需求。

我对城市形象的理解和诸多观点,都受到了中国传媒大学文春英老师通识课程"理解城市"的启发,论文选题和架构也离不开老师的指导。10余年的师生情谊早已深植内心,成为一种无意识的精神支持。来日方长,无须砌词。

本书行文思路的清晰化,离不开中南财经政法大学吴莹莹博士和中国传媒大学亚洲传媒研究中心隋欣老师的帮助,在论文编写过程中,与二位的每一次学术交谈,我都受益匪浅。彼时我和隋老师都身处孕期,三人行逐渐变成"五人谈",这段经历注定难忘。

  本书的部分数据采集工作,获得了东北师范大学传媒科学学院舆情实验室及冯璐老师的大力支持,同时感谢传媒科学学院领导的支持和帮助。

  另外,感谢中国传媒大学出版社李水仙编辑的辛勤工作,针对出版流程和细节的每一次云端回应,都让我感受到水仙老师的专业、细致与温柔;同时感谢李明远编辑的战斗力加持,他的高效让我印象深刻。在二位老师的帮助下本书才能如此顺利地出版。

  感谢东北师范大学哲学社会科学优秀学术著作资助项目对成果出版的资助,同时期望以该书为新的起点,我能够立足东北区域高质量发展的实践需求,深化对区域形象、区域品牌化甚至区域对外传播的相关研究,为家乡之发展提供或许微薄但不辍之力。

刘小晔

2023 年 10 月 2 日

图书在版编目(CIP)数据

构筑与感知:城市形象的群体差异及形塑机理/刘小晔著.--北京:中国传媒大学出版社,2024.7

ISBN 978-7-5657-3514-1

Ⅰ.①构… Ⅱ.①刘… Ⅲ.①城市-形象-研究-中国 Ⅳ.①F299.2

中国国家版本馆 CIP 数据核字(2023)第 238854 号

构筑与感知:城市形象的群体差异及形塑机理
GOUZHU YU GANZHI:CHENGSHI XINGXIANG DE QUNTI CHAYI JI XINGSU JILI

著　者	刘小晔
策划编辑	李水仙
责任编辑	李明远
封面设计	拓美设计
责任印制	李志鹏

出版发行	中国传媒大學出版社		
社　址	北京市朝阳区定福庄东街1号	邮　编	100024
电　话	86-10-65450528　65450532	传　真	65779405
网　址	http://cucp.cuc.edu.cn		
经　销	全国新华书店		
印　刷	唐山玺诚印务有限公司		
开　本	787mm×1092mm　1/16		
印　张	14		
字　数	207 千字		
版　次	2024 年 7 月第 1 版		
印　次	2024 年 7 月第 1 次印刷		
书　号	ISBN 978-7-5657-3514-1	定　价	72.00 元

本社法律顾问:北京嘉润律师事务所　郭建平